트렌드 포에트리, 틈의 계보학

백애송 비평집

머리말

인간의 삶은 틈의 영역 안에서 이루어진다. 틈은 자아와 자아 사이 혹은 존재와 비존재 사이에도 있다. 이 틈 사이에서 인간의 삶도 이루어지고 있다. 틈 사이이지만 인간의 삶을 더욱 풍요롭게 하는 것은, 틈과 틈 사이의 영역을 채워 주는 문학이 있기 때문이다. 그중에서도 시는 틈 사이에서 소소하게 발견되는 사물과 사건 그리고 사회와 문화의 복합적 시선을 통해 메마른 감정과 사회를 절충해 주는 촉매제의 역할을 한다.

이에 이 책에서는 이러한 틈 사이에 놓여 있는 존재와 비존재에 대해 재인식해 보고자 하였다. 언어라는 매개를 통해 발현되는 시의 영역에서 실제 우리가 현재를 살아가는 삶의 국면을 들여다보았다. 때로는 고독하고, 때로는 절망적이며, 때로는 기쁨으로 넘치는 시의 언어들이 이루고 있는 삶의 모습을 담아내고자 하였다.

우리 사회는 시를 쓰는 많은 시인들이 중심을 향해 모여 있다. 반면 또 다른 많은 시인들이 주변의 틈에서 묵묵히 활동하고 있다. 그들은 지금 이 순간에도 최선을 다해 온몸으로 무언가를 쓰고 있을 것이다. 작품 한 편 한 편을 성실하게, 진실되게, 담백하게 읽어내고자 하였던 나의 진심이 그들에게 닿았으면 한다.

그간 문예지에 쓴 글들을 한곳에 모았다. 틈 사이에서 늘 그림자처럼 서성이는 나의 언어들이 한 권의 책 안에서 가만히 숨쉬기를 바라 본다. 사실 머리말을 써야 한다는 자체가 부끄럽다. 이 책은 내가 글을 쓴 것이 아니라, 여기 있는 모든 그들의 글이 나를 여기까지 끌고 왔기 때문이다. 나는 그들이 안내한 길을 따라 이곳에 도달하였다. 그들의 숭고한 글이 서툰 나의 언어로 인해 상처가 되지 않길 바랄 뿐이다.

지금 이 순간 가장 위대한 사람은 이 글을 읽고 있는 당신이다. 그리고 작품을 들여다볼 수 있도록 기꺼이 자신의 작품을 내준 당신과 당신들이다.

2023년 1월
백애송

제1부

제2부

제3부

제1부

가깝고도 먼 나라, 고려인들의 디아스포라
―이동순론

    필자에게 카자흐스탄은 활자와 매체를 통해서만 들여다보았던 먼 이국의 땅이다. 이동순 시인의 시 작품을 통해 카자흐스탄이란 나라를 가만가만 들여다보았다. 이번에 들여다본 나라는 먼 나라, 낯선 땅이 아니라 멀지만 가까운 가슴 시린 공간으로 다가왔다. 자의적이든 타의적이든 다른 지역으로 이동하여 살아야 하는 안타까운 상황이 그대로 전해졌다.

    이동순 시인에게 그리고 이동순 시인의 시를 읽는 필자에게 카자흐스탄은 하나의 장소애로 다가왔다. 사람은 특정한 지역에 대해 정서적 유대감을 느끼는데, 에드워드 렐프는 그것을 '장소애(topophilia)'라고 명명한다. 이동순 시인에게 카자흐스탄은 정서적으로 교감을 형성하며 의미를 부여하는 장소이고, 이를 읽는 독자들에게 그 의미는 더 크게 다가온다.

    카자흐스탄은 과거 아픈 기억을 가지고 있는 곳이기도 하다. 고려인들이 본격적으로 중앙아시아에서 살게 된 것은 1937년 스탈린의 강제이주에 의해서이다. 1937년 어느 깜깜한 새벽 고려인들은 스탈린에 의해 시베리아 횡단 열차에 태워져 연해주에서 중앙아시아로 강제 이주 되었다. 소련 정부에 의한 강제

이주로 이때부터 고려인들은 중앙아시아에 거주하게 된다.

척박한 환경에도 이러한 상황을 극복하고자 하였던 고려인들은 벼농사를 지으며 삶을 이어나갔다. 당시 약 10년 가까이 한국어 사용이 금지되었다고 한다. 하지만 이후 금지가 풀렸고 한국어 교육도 가능하였다고 한다. 실제 <레닌기치>라는 한글신문도 발행되었고 고려극장도 있었다. 고려인들은 그들 나름대로 고국의 문화를 보존하고 영위하고자 노력하였다. 이동순 시인의 시에는 이러한 고려인들이 살아가는 풍경과 그곳 사람들의 이야기가 그대로 담겨 있다.

> 모진 눈보라
> 비바람 견뎌온 늙은 자작나무는
> 난리 통에 가족을 꾸려온
> 내 할미 할아비
>
> 숲 일으켜 세우느라
> 정신없이 앞만 보고 살아오셨지
> 그래도 어린 것 낳아 기르고
> 품에 보듬어 돌보셨지
>
> 그 늙은 자작나무
> 이젠 아랫도리 힘 다 빠져
> 혼자 서 있지도 못하고 휘청거리다
> 제풀에 쓰러지는데

깜짝 놀라 달려온
젊은 자작나무는 쓰러지는 나무를
제 어깨로 고이 받아
아기처럼 안고 쓰다듬어주네

날은 저무는데
자작나무 숲은 하얗게 빛나네
이런 사랑과 정성과 따뜻함이 있어서
더욱 고결하게 빛나네

—「자작나무 숲」 전문

자작나무는 추운 지역에서 자란다. 불에 넣으면 '자작자작' 소리를 내며 타들어 간다고 하여 붙여졌다는 이름. 자작나무의 겉모습은 추위에 잘 견디도록 단단하게 보이지만, 귀하게 사용되는 부드러운 하얀 수피를 가지고 있다. 이에는 사랑을 이어준다는 전설도 있다. 자작나무의 하얀 수피를 벗겨서 그 위에 사랑을 고백하는 연애편지를 써서 보내면 사랑이 이루어진다는 내용이다. 또 자작나무는 신이 깃든 나무라 하여 북방민족들은 신성시하였다고 한다. 추운 지역 사람들에게 자작나무는 땔감뿐만 아니라 결혼식 때 화촉을 밝히는 역할도 하였다. 신성한 나무이기도 하지만 일상생활에서 두루 유용하게 사용된 것이다.

이 시에서는 이러한 자작나무의 모습이 그려지고 있다. 화자인 시인이 말하고자 하는 자작나무 숲은 한 가정의 모습과 유사하다. 자식들을 위해 기꺼이 희생하였던 부모의 모습이 형상화되어 있다. "모진 눈보라/비바람 견뎌온 늙은 자작나무는/난리 통에 가족을 꾸려온" 할머니, 할아버지이다. 할머니, 할아버지는 숲을 "일으켜 세우느라/정신없이 앞만 보고" 살아오셨다. 숲을 일으킨다는 것은 만리타국에서 일가(一家)를 이루기 위해 고군분투하였다는 것을 뜻한다. 자작나무 하나하나가 모여 숲을 이루었던 것처럼 힘든 생활이지만 "그래도 어린 것 낳아 기르고/품에 보듬어 돌보셨"다.

시간이 지나 늙어버린 자작나무는 이제 "혼자 서 있지도 못하고 휘청"거린다. 이제는 "젊은 자작나무"라 불리는 어린 자식들이 "쓰러지는 나무를/제 어깨로 고이 받아/아기처럼 안고 쓰다듬어"준다. "날은 저무는데" 여전히 자작나무 숲이 하얗게 빛나는 이유는 이들의 사랑이 있기 때문이다. 이들의 애정 어린 정성이 있기 때문인 것이다. 부모와 자식 간의 사랑은 그 무엇과도 비교할 수 없는 숭고한 것이다. 하물며 이 부모와 자식은 하루하루가 살아가기 벅찬 먼 이국땅에서의 사랑이니 어찌 귀하지 않겠는가. 그 희생이 있었기에 "이런 사랑과 정성과 따뜻함이 있어서" 자작나무 숲은 "더욱 고결하게" 빛나고 있는 것이다.

북국에 저녁이 왔다

천산의 눈 덮인 연봉들도

어미 개처럼 엎드려 눈을 감는 밤

불빛이 침침해서 서러운

허름한 카자흐 식당에서 늦은 저녁을 먹는다

피망과 당근과 오이 사이로

잘게 채 썬 고기가 촘촘히 박혀 있다

삶은 토마토가 뭉그러져

지친 자세로 접시에 누워 있다

보기는 육개장 같은데

맛이 낯설고 시큼한 수프가 왔다

주변을 둘러보니

돌궐족 카자흐족 타지크족

훈족 브랴트족 타타르족 슬라브족

온갖 민족들이 함께 어울려 저녁을 먹는다

접시에 부딪치는 포크소리가 섧다

나는야 머나먼 남녘에서 온

외톨이 고려사람

불빛에 우두커니 서 있는

자작나무 등걸이 저 혼자 희끗하다

알마티에 밤이 깊다

—「알마티 식당」 전문

화자가 있는 곳에도 저녁이 찾아왔다. 화자인 시인은 "카자흐 식당에서 늦은 저녁을 먹는다". 이 식당은 "불빛이 침침해서

서러운" 허름한 곳이다. "보기는 육개장 같은데/맛이 낯설고 시큼한 수프가 왔다". 이곳은 익숙한 것 같지만 익숙하지 못한 것들이 가득한 곳이다.

"주변을 둘러보니" "온갖 민족들이 함께 어울려 저녁을" 먹고 있다. "접시에 부딪치는 포크소리가" 서러운 것은 이 때문일 것이다. 시인은 "머나먼 남녘에서 온/외톨이 고려사람"에 불과하다. 창밖으로 보이는 "자작나무 등걸"은 "불빛에 우두커니" 혼자 서 있다. 낯선 이국의 땅에서 시인이 느끼는 서러움은 어쩌면 당연한 일일 것이다.

더욱이 이곳은 카자흐스탄 알마티이기 때문이다. 카자흐스탄에는 10여만 명의 고려인들이 거주하고 있다. 스탈린의 강제이주로 카자흐스탄에 정착한 고려인들은 이후 우리 민족의 언어와 문화를 보존하기 위해 많은 노력을 기울이며 살고 있다. 이러한 "알마티에 밤이 깊"어 가고 있다.

알마티 외에 카자흐스탄 남부지역인 크즐오르다에 많은 고려인 후예들이 거주하고 있다. 크즐오르다는 시르다리야 강 연안에 자리 잡고 있다. 척박한 땅에 내맡겨진 고려인들은 강을 따라 삶을 일구었다. 아무것도 없이 맨주먹으로 일구어낸 그들의 삶이 강을 따라 묵묵히 흐르고 있다. 그 강가에는 처음 만나는 사람들이지만 "왠지 낯설지 않은/늘 지나치는 동네 노인 같은/늙은 고려인들이" 살고 있다. "박 넬리 이 빅토르" 등등의 고려인 후예들 말이다. 굳이 말하지 않아도 "굳게 잡은 두 손"만으로도 그들은 서로 통한다. "미소로 주고받는 눈인사" 속에서 서로가 아는 것이다. "반가움과 동포애" 그리고 "눅진한 상호존중"이 "시간이 흘러" "한민족의 본색"으로 드러나고 있다. 다시 만나지 못하더라도 "한국인이라는 이름 속에서"(「크즐오르다에서」) 한민족의 역사가 흐르고 있는 것이다.

　사람이 살아가는 모습은 어느 곳이나 비슷하다. 크즐오르다에 있는 "구시장 입구 2층"에는 식품점이 있다. 주인은 "고려사람 김 아르까디"이다. 그곳에서 팔고 있는 반찬들은 낯익어서 반가운 것들이다. 콩을 삶아서 갈아 만든 음식, 콩나물, 된장, 간장, 술떡, 고춧가루, 미역 등이 그러하다. '디비, 질금채, 자:이, 지르:이, 증펴:이, 고치갈기, 메기' 등으로 불리는 명칭만 달라졌을 뿐 본관이 김해 김씨인 '김 아르까디' 역시 우리나라 사람과 다를 바 없다. 상황이 이러하니 크즐오르다에서 먹는 밥상이 한국의 밥상과 비슷하다는 것은 자명하다. 멀고 먼 시간을 돌아 고국의 언어로 불리는 것들을 다 잊어버렸더라도 음식의 형태는 비슷하다. 아무런 연고도 없는 이국의 땅에 와서 지내야 했던 서러움과 고됨, 그리고 그리움이 음식 속에 그대로 담겨 있다. "크즐오르다 고려인 밥상에는/먼 옛적 함경도 조상님"의 "눈물과 한숨과 정성이 모두/들어"(「고려인 밥상」) 있는 것이다.

　　　카자흐스탄
　　　알마티 중앙시장

물건 파는 상인들 중엔

어쩐지 친근감 느껴지는 얼굴 보인다

우리 동네 아줌마들

우리 집안의 숙모 형수 같은

낯설지 않은 얼굴들

마을회관이나 시외버스 대합실에서

흔히 대하던 얼굴들

그 표정 너무 푸근하고 좋아서

나는 일부러 말도 붙이고

흥정도 해 본다

그때 툭툭 튀어나오는 함경도 말씨

한국서 왔음둥?

많이 보고 놀다 가오

우리 고려사람 마니 만났소?

이것 좀 잡솨 보오

큰 그릇에 수북이 담긴

김치 잡채 김밥

이것저것 자꾸 맛보라며 집어준다

그 말씨 그 정겨움 그 은근함이 너무 좋아

나는 일부러 바자르에

몇 번이나 갔다

* 바자르(Bazaar) : 원래 이슬람 문화권에서 향료와 직물, 소금이나 금 등을 교환
하는 가게의 밀집 지역이었으나 현재는 일반적으로 시장을 가리키는 말이다.

―「바자르」전문

바자르는 알마티의 재래시장이다. 다양한 물건을 판매하는 시장답게 알마티 지역에 사는 사람들의 생활상과 문화를 엿볼 수 있는 곳이다. 이는 한국에서 볼 수 있는 시장 풍경과 비슷하다. 때문에 바자르에서 한국인의 정을 느끼는 것은 어쩌면 당연한 것이리라. 재래시장에서는 무엇보다도 사람이 살아가는 냄새가 난다. 물건을 사고파는 사람들 사이의 인간미를 느낄 수 있다는 점이 재래시장의 최대 강점일 것이다.

　물론 대형마트는 정찰제로 찍혀진 일목요연한 가격표와 편의 시설이 잘 구비되어 있다는 강점이 있다. 하지만 대형마트에서는 재래시장에서 한 주먹의 손에 오가는 덤과 지나간 옛 시간에 대한 향수는 느낄 수 없다. 카트를 밀고 홀로 전진하는 길이 아니라, 주위를 둘러보고 함께 가는 길이 재래시장의 매력일 것이다. 거기에 흥정을 하며 오가는 목소리는 덤 아닌 덤으로 정을 느끼게 해준다.

　"한국서 왔음둥?/많이 보고 놀다 가오/우리 고려사람 마니 만났소?/이것 좀 잡솨 보오"하는 어감에 이미 한국다운 정이 듬뿍 담겨 있다. "이것저것 자꾸 맛보라며 집어"주는 "그 말씨 그 정겨움 그 은은함이 너무 좋아" 시인은 "일부러 바자르에/몇 번이나" 다녀왔다. 한국인의 정은 어딜 가든 통하는 법이다.

　이동순 시인은 고려인 후예들에 대한 이야기도 빼놓지 않고 있다. 낯선 이국의 땅에는 안타까운 인물들도 있다. 김 아파나시와 빅토르 최가 그들이다.

젊어서

권투선수였다는

시합에서 몇 차례나 우승했는지

이긴 횟수조차 모른다는

왼쪽 볼에 그때 흉터도 남아 있는

올해로 여든 여섯의

1933년 생 고려인 할아버지

김 아파나시

앞니도 다 빠지고

작고 가느다란 몸매로

링 위에서 세월이 얼마나 흘러갔나

이 변방의 크즐오르다에서

열 살 때 그 무섭다는 독립군 호랑이

홍범도 장군을 만났단다

봄날 운동회였다는데

달리기에 우승한 소년에게 다가오시어

장군은 품에 꼭 안아주며

직접 연필 공책을 상으로 주셨단다

바로 그해 가을

홍범도 장군은 세상을 떠나시었다

크즐오르다에서

장군을 직접 본 할아버지

김 아파나시

—「김 이파나시」 전문

그의 몸과 피에는

뜨거운 남사당 기질 흘렀지

일찍이 함경도에서 건너간 할아버지

원동에서 강제이주 열차로

카자흐 벌판에 내팽개쳐진 아버지

그 가슴 속 슬픔과 서러움 아픔과 분노를

한시라도 어이 잊을 수 있으리

어머니는 집시 혈통의 우크라이나 여자

어린 빅토르 온몸엔

번개 천둥 번쩍이고 소낙비 쏟아졌네

늘 미친 돌개바람 불었고

걸핏하면 드센 눈보라 휘몰아쳤네

청년시절 조직한 락그룹 '키노'

빅토르의 연주와 노래는

꽉 막힌 철벽에 대한 절규였네 함성이었네

개혁 개방 요구하는 질풍이었네

전쟁에는 반대 부조리엔 저항이었네

갇혀 살던 청년들

그의 음악적 메시지로 삶의 희망 얻었네

'밤' '혈액형' '마지막 영웅'

그의 음악이 전설로 바뀔 무렵

돌연히 달려온 버스가 그를 부수었네

죽음터에 꽃잎처럼 흩어진 유품

거기엔 녹음 테이프 하나 있었으니

그걸로 '검은 앨범' 만들었네

몸 비록 세상에 없으나

음악과 영혼은 길이 살아 있지

그의 무덤에 오늘도

한 송이 꽃 바치는 연인들은 알지

하늘이 한 청년 잠시 내려 보냈다가

왜 서둘러 거두어 갔던가를

* 빅토르 최(Viktor Tsoi, 1962~1990) : 구소련 시절 락(Rock) 음악의 선구자. 페레스트로이카 정책의 실행으로 구소련 사회에 개혁 개방의 분위기가 급격히 전개되자 서양의 락 음악을 소개하여 유행시켰던 전설적인 러시아의 고려인 가수.

—「빅토르 최」 전문

「김 아파나시」에서는 "1933년 생 고려인 할아버지"에 대한 이야기를 하고 있다. 김 아파나시는 "젊어서/권투선수였다". 젊었을 적에는 "시합에서 몇 차례나 우승했는지/이긴 횟수조차" 모를 만큼 많이 이겼다. 왼쪽 볼에 남아 있는 흉터는 당시 영광의 상처이다. 그러나 지금은 "앞니도 다 빠지고/작고 가느다란 몸매"이다. 링 위에서 위풍당당하였던 그 세월은 다 흘러가 버렸다. 김 아파나시는 어릴 적, 열 살 때 홍범도 장군을 만난 적이 있다. 어느 "봄날 운동회"에서 "달리기에 우승한 소년에게" 다가와 "품에 꼭 안아주며/직접 연필 공책을 상으로 주셨다". 여기에서 달리기에 우승한 소년이 김 아파나시이다. 안타깝게도 "그해 가을/홍범도 장군은 세상을" 떠났다.

'빅토르 최'라는 고려인 가수도 있다. 「빅토르 최」를 살펴보면 한 집안의 계보가 읽혀진다. "일찍이 함경도에서 건너간 할아버지"와 "원동에서 강제이주 열차로/카자흐 벌판에 내팽개쳐진 아버지", 그리고 "집시 혈통의 우크라이나" 어머니. 이로 인해 빅토르의 어린 시절이 다복하지 못하였다. 본인의 의지와 상관없이 "번개 천둥이 뻔쩍이고 소낙비"가 쏟아졌으며 "늘 미친 돌개바람"이 불었고 "걸핏하면 드센 눈보라"가 휘몰아치는 어린 시절을 보냈다. 이런 그는 청년 시절 락그룹 '키노'를 조직한다. "빅토르의 연주와 노래는/꽉 막힌 철벽에 대한 절규"이자 "함성"이었다. 개혁과 개방을 요구하는 질풍이었고, 전쟁에는 반대하고 부조리엔 저항하는 메시지였다. 어쩔 수 없이 갇혀 살아야 했던 청년들은 빅토르의 "음악적 메시지로 삶의 희망"을 얻었다. 그러던 그에게 어느 날 사고가 일어났다. "돌연히 달려온 버스가" 빅토르를 부수고 만 것이다. 마지막 남겨진 유품은 '검은 앨범'이 되었다. 빅토르는 죽었지만, 그의 "음악과 영혼은" 아직도 살아 있다.

중앙아시아
고려인 삶의 하늘 위에
두 개의 별 떠서 밤길 일러주시니
홍범도 별과 계봉우 별
연해주에서 강제로 끌려온 깊은 한을
쓰다듬고 어루만져 주시고

다민족 틈에서

어찌 지혜롭게 살아갈 것인가

그 담력과 용기 일깨워주신 분이

홍범도 장군이라면

인문적 품격과 사랑 가르쳐주신 분은

바로 뒤바보* 계봉우

홍 장군이 무(武)를 전담했다면

계 선생은 문(文)을 도맡아서 불철주야

우리 민족의 언어와 역사

우리 민족의 문학을 전파하려

불철주야 연구하고 글 쓰셨으니

선생이 낸 책과 신문 잡지 연재물의 숫자는

너무 많아 헤아리지 못했네

그리하여 홍범도 계봉우

이 두 빛나는 별은

중앙아시아 고려인 사회의 정신적 기둥

무덤마저 크즐오르다

고려인 공동묘지에 나란히 묻혀서

문무겸전(文武兼全) 이루셨나니

그 얼마나 보기 좋고 흐뭇한가

* '뒤바보'는 계봉우(桂鳳瑀, 1880~1959) 선생의 필명이다.

—「두 개의 별」전문

이 시에서 말하는 두 개의 별은 계봉우 선생과 홍범도 장군을 뜻한다. 지난날 척박했던 중앙아시아의 "고려인 삶의 하늘 위에"는 계봉우 선생 별과 홍범도 장군 별이 떠서 밤길을 일러주었다. 둘은 죽어서까지 "크즐오르다/고려인 공동묘지에 나란히 묻혀서" 불을 밝혀주고 있다. 홍범도 장군은 "담력과 용기" 즉 "무(武)를 전담했다면", 계봉우 선생은 "인문적 품격과 사랑" 즉 "문(文)을 도맡아서 불철주야" 노력하였다. "이 두 빛나는 별은/중앙아시아 고려인 사회의 정신적 기둥"이 되었다.

「홍범도 訃告」을 보면 홍범도 장군의 일생을 읽을 수 있다. 홍범도 장군은 마지막까지 일을 놓지 않았다. "고려극장 경비로 일하다가/극장에 든 도둑과 싸웠는데/몸을" 다쳤다. "그 후유증으로 앓다가/다소 몸이 회복되자/정미소 일꾼으로 또 일하다가" 돌아가셨다. 그때 나이가 "일흔다섯"이었다. "어두컴컴한 자료실에서" 홍범도 장군의 부고가 담긴 기사를 "우연히 찾아"낸 시인은 울음으로 마음을 대신한다.

계봉우 선생과 홍범도 장군. 죽어서까지 함께 하는 둘의 운명은 남겨진 자들에게 피가 되고 살이 되는 길라잡이가 되었다. 길라잡이가 되어 남겨진 고려인들이 자신들의 운명을 개척하여 나갈 수 있도록 하였다. 자의적이든 타의적이든 지금은 타국에 살고 있으나 자신들의 뿌리는 고려인이라는 것을 다시금 되새겨주고 있다.

크즐오르다

후미진 골목길
그 모퉁이에 사셨다네
평생을 감옥으로 타국으로
바람처럼 쓸려 다니다
드디어 머물러 한 곳에 자리하시니

별로 크지도 않은
낮고 자그마한 단층집
이끼 낀 목조 창문 페인트 벗겨지고
건물 외벽엔 여기저기
참으로 고단했던 당신 생애처럼
실금이 가 있네

이 낡고 초라한
집에 들어앉아 그분께서는
앉은뱅이책상 놓고
의병전 북간도 아령실기*
이두집해 조선문법 조선말의 되어진 법
조선역사 북방민족어
이렇게 하나같이 고귀한
원고들을 무릎 내려앉도록 썼다네

무엇보다도
어린 고려 아이들이
조선말 조선역사 아주 잊을까봐
그게 밤낮 걱정이었다지

갈라진 창틀

이 허름한 집에서

어찌 이토록 크고 거룩한 일

이루셨을까

골목길에 서서 눈 감고

꼿꼿한 선비 진정한 학자의 위업에

묵념 올리네

* 아령실기(俄領實記) : 계봉우(桂奉瑀, 1880~1959) 선생이 1927년 노령 연해주 일대 한인 이주 역사와 이주민의 현황을 구체적으로 기록한 글. 상해판 '독립신문' 에 연재하였다.

—「계봉우 옛집」전문

    화자가 위치한 곳은 계봉우 선생의 옛집이다. 계봉우 선생은 독립운동가이다. 일제강점기 임시정부 북간도 대표 의원을 역임하며 독립운동을 하였다. 1937년에는 스탈린의 한인 강제이주 정책에 의해 중앙아시아 카자흐스탄 크즐오르다로 이주 당하였다. 이후에도 블라디보스토크와 하바롭스크에서 한국어 교재를 편찬하고 한글을 가르친 바 있다. 정부는 계봉우 선생의 공을 인정해 1995년 건국훈장 독립장을 추서하였다. 그리고 2019년 4월 계봉우 선생 유해는 봉환되어 고국 땅인 서울 현충원에 안장되었다.

    화자인 시인은 계봉우 선생의 옛집에 와 선생의 자취를 더듬어보고 있다. 계봉우 선생은 "평생을 감옥으로 타국으로/바람처럼 쓸려 다니다" 드디어 한곳에 머무르게 되었다. 그곳은 "크즐오르다/후미진 골목길" 모퉁이이다. "별로 크지도 않은/낮고 자그마한 단층집/이끼 낀 목조 창문 페인트 벗겨지고/건물 외벽엔 여기저기" "실금이 가 있"다. 마치 일생이 "참으로 고단했던" 계봉우 선생의 생애처럼 말이다.

계봉우 선생은 낡고 허름한 이 집에서 많은 일들을 하였다. "의병전 북간도 아령실기/이두집해 조선문법 조선말의 되어진 법/조선역사 북방민족어"와 같은 귀한 원고들을 밤새도록 시간 가는 줄 모르고 집필하였다. 이는 "무엇보다도/어린 고려 아이들이" 고국의 말과 역사를 잊어버릴까 걱정이 되어서였다. 이것이 어찌 "크고 거룩한 일"이 아닐 수 있단 말인가. 때문에 시인은 계봉우 선생의 이러한 꼿꼿하고 "진정한 학자의 위업에" 묵념을 올린다.

집은 외부로부터 보호받을 수 있는 친밀하고 평화로운 공간이다. 집이 있기 때문에 안도감을 느낄 수 있다. 강제 이주라는 미명 하에 한순간 낯선 곳으로 내던져진 이들은 뿌리 뽑힌 자들이다. 본인 스스로의 선택으로 삶의 터전을 이동한 것이 아니기 때문이다. 개인으로든 공동체적으로든 사람들이 한 장소에 내린 뿌리는 그곳에 대한 배려와 친밀감, 유대감을 바탕으로 이루어지기 마련이다. 하지만 고려인들에게 뿌리를 내리는 것은 각별한 어려움이 따르는 일이다.

계봉우 선생과 고려인들은 고향을 떠나 살았다. 이들에게 남겨진 고향에 대한 그리움과 향수는 아물지 못한 상처가 되었다. 하지만 포기하지 않고 식량을 나누고 마음을 나누며 공동체를 형성하여 나갔다. 그들만의 문화와 가치를 다시 창출하게 된 것이다. 그곳에 뿌리를 내리고 애착을 가지며 살았기 때문에 지금이 존재한다.

　이동순 시인은 카자흐스탄이라는 특정지역에서 즉, 여행지에서 보고 듣고 느낀 것들을 시로 형상화하여 보여주고 있다. 보편적으로 여행시는 그 지역의 생활상이나 문화를 간접체험하게 한다. 이동순 시인의 시도 간접체험을 하게 하지만, 여기에는 다른 점이 있다. 고려인들이 살고 있는 특정한 장소라는 점에서 그렇기도 하겠지만, 이동순 시인의 시에서는 말로 다 표현하지 못한 삶의 애환이 가슴을 먹먹하게 한다.

　각각의 시에 배치된 상황과 인물들을 통해서 느껴지듯이 고려인들의 삶은 우리나라에서의 삶의 방식과 크게 다르지 않다. 이동순 시인은 그들이 겪었음직한 삶의 굴곡과 안타까움을 대신 이야기하며 함께 아파하고, 역사 속 인물들을 호명하여 추모하기도 한다. 지금도 그곳에서 살아가고 있는 고려인들의 후예를 바라보는 시인의 시선은 따뜻하면서도 아프게 다가온다.

　그들에게 고국은 가깝지만 먼 곳이 되어버렸다. 그럼에도 불구하고 잊을 수 없고, 잊히지 않는 곳이 또 고국일 것이다. 중앙아시아라는 특별한 장소에서 삶의 고단함에 굴하지 않고 후손들을 위해 길을 내고자 하였던 사람들. 그들이 일구었던 길이 있기에 오늘날의 우리가 있는 것이 아닐까 한다. 그리고 그들을 세심하게 바라보는 시인의 통찰이 있기에 가능한 것이리라.

존재와 비존재, 그 사이
―박지웅론

　박지웅 시인하면 "내가/행복했던 곳으로 가주세요"라고 말했던 「택시」라는 시가 가장 먼저 떠오른다. 행복했던 곳은 어느 곳일까. 아마도 유년의 따뜻했던 원초적 시간이 있는 그곳이 아닐까 한다. 물질적으로 풍요로운 현대의 지금 시간이 아니라, 정신적으로 풍요로웠던 과거의 시간 말이다. 현대인들의 삶에는 불안이 내재되어 있다. 그렇기 때문에 불안하지 않고 행복한 삶을 더욱 갈망하는 것이다. 행복은 누구에게나 존재하지만, 지극히 상대적인 개념이기 때문에 자신의 행복에 대해 만족하지 못한다. 하지만 행복을 찾아 떠나는 일은, 혹은 행복을 찾아 헤매는 일은 누구에게나 설레는 일이다. 박지웅 시인은 '시'라는 매개체를 통해 행복을 찾아 끊임없이 고뇌하며 설레어한다. 이 행복은 희망의 다른 이름일 것이다.

　존재 자체만으로 빛을 발하는 것들이 있는가 하면 태어나는 순간 슬픈 존재들도 있다. 각각의 사물에서부터 개별 실존적 존재까지. 존재하는 것과 존재하지 않는 것들 사이에서 끊임없이 고뇌하는 시인의 태도는 시 속에 그대로 투영되어 있다. 박지웅 시인의 시는 존재와 비존재 사이에서 행복이라 불리는 희망을 찾고자 한다.

꽃분을 깼다 삽시간에 신발 벗겨진 꽃이
바닥에 나동그라졌다 꽃은 생전처음 제 발을 보았다
사막으로 쫓겨난 쓸쓸한 발이었다

마당 밖까지 맨발로 내쫓기던 늦은 밤
나는 풀어진 보자기 같은 발로 겨우 꽃나무 아래까지 걸었다
아무 데도 갈 곳이 없었다
내 발등에 하염없이 그늘을 얹는 꽃나무 하나에 마음이 풀릴까마는

언젠가부터 길을 막고 머뭇거리는 일이 잦았다
하지 말아야 할 말들을 마음에서 간신히 밀어내느라 그랬을 테지만
발아래 애먼 흙바닥만 문지르던 날이 많았다

나도 모르게 누군가의 길을 허물기도 했을 것이다
저 자그마한 꽃분 속에도 꽃이 가야 할 길이 있을 것이다

가만히 꽃의 발을 모아 신발을 신겨주니
헐거운 신에 발을 맞추느라 꽃이 뒤꿈치를 몇 번이나 들었다가 놓는
다

매실나무 아래 꽃신 한 짝 내려주는데 그것이 꽃배 같기라도 했을까
목깃 소맷귀에 묻은 흙을 털어주고 비켜서 있자니 때맞춰 멀리 나갔
던 나무그늘이 돌아와 뱃전에 와 닿는다

그늘이 불어나고 더 밀려와 금세 발목까지 차오른다 몇 걸음 물러나서도

나는 뱃전마냥 끄덕인다

저녁 바람에 문득문득 헐거워지는 나무그늘 사이로 뒤채이며 멀어지는 꽃신 하나

밤새 매실나무 아래를 지나가고 있었다

—「누군가의 남해」 전문

이 시는 '꽃분→꽃배→꽃신'으로 이어지는 구성을 가지고 있다. 어느 날 꽃분이 깨졌다. "신발 벗겨진 꽃이/바닥에 나동그라졌다". 꽃분이 깨진 꽃이 신발이 벗겨진 채 "생전처음 제 발을" 들여다보는 순간이다. 꽃의 뿌리를 보며 늦은 밤 맨발로 꽃나무 아래까지 쫓기던 기억을 회상한다. "아무 데도 갈 곳이 없"는 막막함과 쓸쓸함. 그 쓸쓸함이 시인인 화자를 여기까지 데리고 왔을 것이다.

화자는 "하지 말아야 할 말들을 마음에서 간신히 밀어내느라" "언젠가부터 길을 막고 머뭇거리는 일이" 잦아졌다고 고백한다. 의도한 것은 아니지만 자신도 모르게 누군가 공들여 만들어 놓은 "길을 허물기도 했을 것이"라고 마음 아파한다. 분명 "자그마한 꽃분 속에도 꽃이 가야 할 길이 있을" 것인데 "신발 벗겨진 꽃"을 보며 안타까워 한다.

결국 시인은 다시 "꽃의 발을 모아 신발을 신겨"준다. "헐거

운 신에 발을 맞추느라 꽃이 뒤꿈치를 몇 번이나 들었다가 놓"
지만, 신을 신은 꽃은 다시 제 길을 걸어갈 것이다. 꽃은 "밤새
매실나무 아래를 지나" "뒤채이며" 제 길을 가고 있다.

> 식구는 죽은 자와 둘러앉아 젯밥을 먹는다
> 그래 이쪽은 좀 어떠냐
> 큰형은 작년에 퇴직하고 남해에 내려가 살아요
> 막내 말대로 몇몇 훌륭한 이웃과 멀어졌지만
> SNS가 발달한 시대잖아요 멀리서도 듣고 봐요
> 사월인가 새별오름에 갔어요
> 제주에는 정말 사슴이 있더라고요
> 죽은 어미사슴은 땅에서 꽃을 물고 새끼를 기다린대요
> 가끔 눈을 뗄 수 없는 꽃을 보아요 당신인가요?
> 젯밥에 눈멀었는지 죽은 자는 말이 없고
> 방충망에 붙은 나방이 날개를 펴고 있었다
> 저기 이상한 꽃이 붙어 있네요 귀가 못 들어왔네요
> 아버지, 아버지 불러도 대답이 없다
>
> —「아버지의 귀」전문

　삶과 죽음의 경계에서 우리의 삶은 이어지고 있다. 남해에 내
려가 살고 있는 큰형과 나의 생활, "땅에서 꽃을 물고 새끼를 기
다"리는 "죽은 어미사슴". 시인은 죽음에 대한 예의를 지키며
제삿날의 풍경을 대화 형식으로 풀어내고 있다. 오늘은 식구
들이 "죽은 자와 둘러앉아 젯밥을 먹는다". 시인은 아버지에게

"작년에 퇴직하고 남해에 내려가" 살고 있는 큰형의 소식을 담담하게 전해준다. "땅에서 꽃을 물고 새끼를 기다"리는 제주의 어미사슴 이야기는 시를 더욱 담담하면서도 애절하게 만든다.

존재하는 것과 존재하지 않는 것의 간극. 존재하지 않는 것 즉, 비존재인 죽음은 인간의 영원한 화두이다. 이러한 죽음의 문제는 시인에게도 풀리지 않는 화두로 다가온다. 하지만 죽음에 대해 마냥 슬퍼하는 것만은 아니다. '아버지의 죽음'이라는 슬픔을, 제삿날의 풍경을 담담하게 보여주고 있다.

이 담담함은 「몸과 키스와 문득」에서 역설로 그려진다. "산 사람이 입김만 불어도 혼이 날아가니 얼굴을 돌"리라고 말하는 "늙은 장의사"의 직업이 "시(詩)적"으로 보여 "반할 뻔"한 시인. 시를 통해 존재에서 비존재로 넘어가는 찰나의 순간이 그려진다. 이별로 인한 슬픔을 역설적으로 보여주고 있다. 다음의 시에는 이러한 시인의 지론이 펼쳐진다.

시가 천 냥이라면 첫줄은 구백 냥
야구에서처럼 시도 타순을 잘 짜야 해요

(중략)

조심하세요, 식상한 구절은 병살타를 치니까
팀을 구렁텅이로 몰아넣을 수 있으니까

헛스윙으로 또 평범한 땅볼을 치고 물러설 때

과욕을 부려 태그 아웃될 때

어깨에 힘이 너무 들어가 폭투를 던질 때

이어지는 실책으로 다 차린 밥상을 엎을 때에는

처음으로 돌아가세요

첫줄과 다시 호흡을 맞춰보세요

조급한 마음으로는 질 좋은 타구를 만들 수 없어요

(중략)

시가 홈플레이트 가까이 올 때까지

달처럼 커질 때까지 시선을 떼지 않고 보는 것

중심을 지키며 스윙은 군더더기 없이 빠르고 부드럽게!

방망이에 딱! 걸렸을 때 알 수 있지요

시가 쏘아올린 작은 공은 그 순간에 보여요

시가 쏘아올린 작은 꽃은 그때 벼락같이 피어요

—「시가 쏘아올린 작은 공」 부분

    이 시에는 박지웅 시인이 생각하는 시란 무엇인지, 삶이란 무엇인지가 담겨 있다. 시에 대해 그리고 삶의 방식에 대해 야구와 접목시켜 이야기하는 발상이 재미있다. 야구라는 비유를 통해 시를 재생산하고 있다. 시인은 한 편의 시가 "천 냥이라면 첫줄은 구백 냥"이라는 지론을 펼친다. 실제 시쓰기에 있어서도 서두 부분이 중요하다고 이미 많은 시인들이 이야기한 바 있다. 그만큼 삶에 있어서도, 그리고 시쓰기에 있어서도 '처음'은 중요한 의미를 가진다.

인간은 모두 길 위의 방랑자들이다. 눈 뜨면 길 위로 쏟아져 나와 해질녘 다시 집으로 돌아가야 하는 길 위에 서 있는 방랑자. 방랑자들의 발걸음이 향하는 곳은 다름 아닌 집이라는 공간이다. 편안함을 주는 이 공간으로 다시 돌아가기 위해서는 즉, "집에서 출발해 살아서 집으로 돌아오는 이 경기에서는/길을 잃지 않는 것이 중요"하다. 그리고 우리에게는 초심을 잃지 않는 마음과 욕망에 흔들리지 않고 올곧은 길을 가야 하는 소신이 필요할 것이다.

우리는 늘 조심해야 한다. "식상한 구절은 병살타를" 치고 말기 때문이다. "팀을 구렁텅이로 몰아넣을 수" 있기 때문이다. 한 편의 시에서 모든 구절구절들은 하나의 팀을 이루고 있다. 어디선가 나타난 "식상한 구절"이 팀의 결속력을 해체할 것이다.

이뿐만이 아니다. 시가 안 될 것 같으면 과감하게 "처음으로 돌아가세요"라고 시인은 일갈한다. "헛스윙으로 또 평범한 땅볼을 치고 물러설 때/과욕을 부려 태그 아웃될 때/어깨에 힘이 너무 들어가 폭투를 던질 때/이어지는 실책으로 다 차린 밥상을 엎을 때"가 바로 처음으로 돌아가야 할 때이다.

"중심을 지키며" "자기만의 타법을" 익혀 시를 쓰다보면 언젠가 "방망이에 딱!" 걸리는 순간을 알아챌 수 있다. 이때가 바로 "시가 쏘아올린 작은 공" "시가 쏘아올린 작은 꽃"이 "벼락 같이 피어"나는 순간이다. 오늘도 어디에선가 벼락같이 피어나는 작은 꽃을 맞이하기 위해 많은 이들이 고군분투하고 있을 것이다. 시쓰기와 삶의 방식에 대한 시인의 일반론이 재치 있게 담겨 있다. 이와 같은 감각을 활용하여 인간존재에 대해 일괄하는 시인의 시정신이 돋보인다.

  왕대나무는 60년에 한 번 꽃을 피운다. 그렇게 오랜 시간을 공들여 일생에 단 한 번 꽃을 피우고 나면 말라 죽는다고 한다. 「창술」의 시적 형상화의 발화점은 다름 아닌 이 왕대이다. 왕대가 창술로 변주되는 사유가 깊다. 화자는 "뒷산 기슭에서 창잡이와 마주쳤다". "본디 이들은 창 한번 다 뽑는데 백 년이 걸린다". "창검에 꽃 하나 얹는데 족히 백 년이 걸리는 왕대의 창술은 그때 가장 눈부시다"는 사유의 깊이는 다름 아닌 시인의 관찰과 발견의 깊이이다.

  "입속에 먼 길이" 생겨 "뜨지도 감지도 못하는 말을 품"고 사는 시인은 오늘도 "아물지 못한 말들"(「입속에 먼 길이 생겼다」)을 키우고 있다. 시를 쓰는 것이 '천직'이라 생각하고 말이다. 공구함 속에 "굵기와 용도가 다른 철사들"을 가지고 언어로 존재의 집을 짓는다. "모가 난, 못난, 차가운, 단단한, 둥근, 쓰라린 글자들의 맥을 짚어보면 보이지 않아도 힘줄과 숨결이 잡힌"다는 시인. "물 한 글자 엎질러놓고 다 마를 때까지 뼈 하나

추리지 못했으나” 결코 “불행하지 않다”(「천직」)는 시인. 박지
웅은 언어로, 언어에 의해, 언어를 위해 시를 짓는다.

　도시라는 공간에서 유토피아를 꿈꾸기는 사실상 어려운 일
이다. 각각의 존재 성향들이 모두 다르기 때문에 완벽한 유토피
아란 있을 수 없다. 현재 이곳이 유토피아가 아닌 디스토피아임
에도 불구하고 살아가는 이유는 적어도 우리에게 희망이 존재
하기 때문이다. 존재하는 것과 존재하지 않는 것 사이에서 외로
이 고군분투하며 시짓기를 이어가는 박지웅 시인이 존재하기
때문이다. 박지웅 시인이 존재하는 것도 어쩌면 이곳이 유토피
아가 아니기 때문일지도 모른다. 디스토피아 속에서 찾아야 하
는 희망이 있기 때문에.

마음으로 전하는 언어
─윤효론

　시의 본질은 인간의 삶의 모습을 보여주는 것이다. 삶의 모습은 여러 형태를 통해 나타난다. 기쁨과 행복도 있고, 슬픔과 고뇌도 있다. 나날의 삶의 모습을 시로 형상화하여 읽는이로 하여금 감동을 주는 것이 시이다. 감동은 진심이 담긴 마음이 있을 때에 가능하다. 윤효 시인의 시에는 이 마음이 담겨 있다. 중심부가 아닌 주변부를 돌아볼 줄 아는 따뜻한 마음과 이를 언어로 표현해내는 진솔한 마음이 담겨 있는 것이다.

　그렇다고 시가 지극히 개인의 주관적 감정만을 읊게 된다면 사적인 이야기가 될 것은 자명한 일이다. 윤효 시인의 시는 개인의 주관적 감정을 넘어 우리 모두의 이야기, 즉 보편적인 이야기로 형상화되고 있다. 마음이 다한 자리에는 오롯한 마음이 남는다. 화려한 수식과 장치가 없어도 마음과 마음은 서로 통하는 법이다. 윤효 시인의 시에는 이 마음들이 모여 한 편 한 편의 시를 이루고 있다.

　윤효 시인의 시는 읽을수록 은은한 울림이 느껴진다. 시의 진술이 길어지면 말을 많이 하게 되기 때문에 의미가 풀어질 수 있다. 하지만 윤효의 시는 간결하면서도 인상적인 삶의 풍경들을 담고 있다. 수사가 많은 긴 시가 아니라 짧은 시를 통해서도 삶의 면면을 놓치지 않고 세밀하게 보여준다. 소박하고 평범한 시어 속에 진솔함을 담아낸다. 다음의 시를 통해 그 내공의 깊이를 확인할 수 있다.

날이 풀리자 아파트 마당에 실금이 또 하나 늘었다.

어제는 비까지 내려 더 아프게 드러났다.

풀리지 않는 일 탓이겠으나 심란했다.

손바닥에 자주 눈이 갔다.

내내 뒤숭숭했다.

그런데 오늘 보니 풀 죽을 일이 아니었다.

실금을 따라 푸른 것들이 일제히 돋아나 있었다.

—「생명선」 전문

날이 풀린다는 것으로 보아 이 시의 계절적 배경은 봄이 오는 길목이라는 것을 짐작할 수 있다. 봄이 오는 길목의 아파트 마당. 이 마당에 있는 실금이 사람 손바닥에 있는 생명선으로 형상화되고 있다. "어제는 비까지 내려 더 아프게" 드러난 실금들. "풀리지 않는 일 탓이겠으나" 심란한 마음은 어쩔 수 없다.

우리의 삶은 풀리지 않는 일투성이다. 하지만 일이 안 풀린다고 불행한 것은 아니다. 오히려 풀리는 일만 있다면 삶의 굴곡을 모른 채 볼온전한 삶을 살 수도 있다. 안 풀리는 일은 방향의 전환점 혹은 지금의 선택보다 더 나은 쪽을 선택할 수 있는 기회를 제공하기 때문이다. 풀리지 않는 일을 하나씩 풀어감으로써 스스로 성장할 수 있는 계기가 된다. 그렇기 때문에 여기에서 "푸른 것들"을 발견할 수 있는 것이다. 마당의 실금을 따라 돋아난 "푸른 것들"은 희망과 생명력의 다른 이름이다.

뻗대는 바퀴들을 달래가며 싣고 또 실었겠다.

온종일 골목을 훑어 쌓아올린 저 낟가리

좀 후하게 쳐주면 좋겠다.

아차, 아니지.

돈이 되면 등 굽은 손수레 차지가 될 리 없지.

값이 박해서 얼마나 다행인가.

시 또한 돈이 안 되니 얼마나 감사한가.

　　　　　　　　　　　　　　　　　　　—「감사한 일」 전문

이 시 역시 사물을 응대하는 시인의 따뜻한 마음과 시선이 담겨 있다. 손수레를 끌고 가는 농부의 모습이 떠오른다. 하루 종일 가지 않겠다고 "뻗대는 바퀴들을 달래가며" "쌓아올린 저 낟가리", "좀 후하게 쳐주면 좋겠다"는 것은 화자의 바람일 뿐이다. 그러다 "아차" 한다. "돈이 되면 등 굽은 손수레 차지가 될" 수 없기 때문이다. 그러면서 스스로를 위로한다. "값이 박해서" 다행한 일이라고 말이다.

여기에서는 벼 수매 가격을 낮게 책정하는 현실에 대한 안타까운 마음이 내포되어 있다. 정부는 매년 농부들로부터 벼를 사들여 비축한다. 하지만 벼 수매 가격과 농부들의 노동은 비례하지 못하는 실정이다. 농부들의 고된 노동과 노력이 값진 결실을 맺어야 하는데 그렇지 못하는 현실에 대한 안타까운 심정을 여실히 드러내며 시인은 이와 같은 현실을 우회적으로 이야기한다.

이 시에서는 '등 굽은 손수레'에 주목해야 한다. 사람이 끌고 가는 손수레는 낮은 곳에서부터의 노동을 의미한다. "등 굽은 손수레"는 고된 일상의 노동에 지친 농부의 모습일 수도 있고, 광의의 의미에서 본다면 종일 일해도 제대로 허리조차 펴지 못하는 이 시대의 비정규직, 노동자들을 대변하기도 한다. 이와 같은 시선들은 주위를 둘러보는 시인의 따뜻한 마음에서 기인한다.

모든 일이 열심히 노력한 만큼의 결과가 뒷받침된다면 더할 나위 없이 좋겠지만 그렇지 못한 경우가 더 많다는 것은 익히 아는 바이다. 특히 돈이 되는 일과 돈이 안 되는 일. 돈이 되는 일을 쫓으면 물질적으로는 풍요로워지나 심적으로는 빈곤해지기 마련이다. 사람마다 상대적이겠지만 물질을 따라가면 마음의 여유가 없어지는 것은 당연한 이치일 것이다. 시인은 이러한 상호 모순적이면서도 안타까운 현실에 대한 마음을 밀도 있는 언어를 통해 보여준다.

빛바랜몇마
디만이가까
스로남아있
었네옴마니
반메훔옴마
니반메훔바
람이데려간
그말을찾아
펄럭이는허
공속으로한
올한올뛰어
들고있었네.

*타르초: 티베트 불교의 상징인 바람의 깃발

―「타르초 1」 전문

오색깃발에

꿈을새겨서

높이매달면

쏴아쏴아아

바람달려와

먼저우네요

엉엉그울음

서로붙안고

설산너머로

뒤돌아보며

뒤돌아보며

떠나가네요.

—「타르초 2」 전문

　위의 시는 타르초 연작시이다. 타르초는 경전이 적힌 사각형의 기도깃발로 티베트에서 많이 볼 수 있다. 산과 능선, 깊은 사찰, 나뭇가지, 바위틈에서도 타르초를 찾아볼 수 있다. 타르초 깃발 안에는 경전이 빼곡하게 인쇄되어 있다. 그래서 티베트 사람들은 바람에 나부끼는 타르초를 경전이 바람을 타고 인간에게 널리 퍼져나간다고 생각한다. 이 타르초의 기본 색상은 다섯 가지이다. 노란색은 땅을 뜻하고, 파란색은 하늘, 빨간색은 불, 흰색은 구름, 초록색은 바다를 상징한다. 우주 자연의 다섯 가지 원소인 금(金), 수(水), 화(火), 목(木), 토(土)를 뜻한다.

　「타르초 1」은 이 깃발이 언어로 형상화되어 있다. 가까스로 남아 있는 빛바랜 몇 마디 말. 시 속의 화자는 바람이 데려간 그 말을 찾아 펄럭이는 허공 속으로 한 올 한 올 뛰어들고 있다. 바람이 데려간 말은 자연의 말일 것이다. 땅의 말이며 하늘의 말이기도 하고, 불의 말이자 구름과 바다의 말이다. 이 자연의 말에 "옴마니반메훔"이라는 자비를 뜻하는 주문을 더하여 경전의 진리에 한 발 더 다가가게 만들고 있다. "옴마니반메훔"은 티베트 불교에서 보살을 소환하는 주문으로 열반으로 인도하는 역할을 한다. 시인의 경건한 마음이 전해진다.

「타르초 2」는 깃발의 펄럭이는 모습이 꿈의 모습으로 형상화되어 있다. 오색 기발에 꿈을 새겨서 높이 매달면 바람이 달려와 먼저 운다. 바람이 달려와 우는 이유는 무엇일까. 오색 깃발에 담긴 꿈은 무엇일까. 꿈은 누구에게나 소중한 것이다. 이루고 또 이루어도, 가슴 속 새기고 또 새겨도 늘 가슴을 두근거리게 하는 것이 꿈이다. 이 꿈은 종교를 넘어 인종을 넘어 모두의 가슴 속에 깊이 간직되어 있는 간절한 소원이다. 바람이 불어와 이 소원과 꿈을 이루어 주길 바라는 티베트 사람들의 간절한 마음이 담겨 있는 것이다. 시인은 이러한 마음을 외면하지 않고 마음의 소리에 귀를 기울인다. 그리고 한 올 한 올 시의 언어로 풀어내고 있다.

형식적인 측면에서 보자면 「타르초 1」과 「타르초 2」는 각 행을 5음절로 나누어 표기하였다. 이는 마치 타르초 깃발의 모습을 연상하기도 하고, 이 깃발에 새겨진 경전의 모습을 연상시키기도 한다. 언어를 더 보태지 않고 절제하여 빛바랜 흔적과 바람, 허공의 모습을 더 선명하게 그려내는 효과를 나타내고 있다.

「태평가(太平歌)」는 시어머니와 며느리 이야기를 하고 있다. 아무 걱정이 없는 평안한 상태를 기뻐하며 부르는 노래가 태평가이다. 그렇다면 이 시의 내용과 제목이 반어의 구조를 이루고 있다는 것을 발견할 수 있다. 즉 이 시는 시어머니와 며느리의 사연을 태평가에 빗대어 이야기하고 있는 것이다. 아들 내외와 어린 손자를 위한 시어머니의 마음이 검은 봉다리 안에 차곡차곡 담겼을 것이다. 하지만 이 마음은 집까지 무사히 귀환하지 못하고 낯선 휴게소 어디에서 뒹굴게 된다. 검은 봉다리에 담긴 사랑이 쓸쓸하기 그지없다. 봉다리만 버린 것이 아니라 그 안에 담긴 시어머니의 마음도 함께 버린 형국인 셈이다. 주변을 살피는 시인의 마음은 「캐나다 단풍 여행」에서도 그려진다.

「캐나다 단풍 여행」은 "서부 밴쿠버에서 동부 토론토까지" 단체여행을 하며 생긴 일화이다. "버스 시간에 애를 먹는" 유난히 금슬이 좋은 부부. 이 부부는 인원을 셀 때면 늘 보이지 않는다. "민망해 하면서도 거의 매번" 늦는 부부. "그러다 나흘째부터는 꼴찌가" 아예 바뀌었다. 그 부부가 보이지 않으면 누군가가 내렸다가 "그 부부가 타는 걸 보고는 버스에" 다시 오르는 것이다. 이 어찌 서로가 서로를 위한 아름다운 배려가 아니겠는가. 시인은 이를 보고 "바깥보다 버스 안 단풍 빛깔이 더 고왔다.”라고 이야기한다.

시인의 안타까운 마음을 대변하는 시도 있다.「식민지」와 같
은 시가 그러하다. 국토를 빼앗긴 것만이 식민지가 아니다. “종
묘회사들이 모조리 외국의 다국적 기업에” 팔린 상황. 이로 인
해 “이 땅에 뭘 하나 심어 먹으려 해도 그 회사에” 다시 “손을 벌
려야”하게 되어 버렸다. 우리는 “그런 줄도 모르고” “또다시 들
을 빼앗긴 줄도 모르고” 정신없이 하루하루를 살아가고 있다.
그것도 “맥도날드와 스타벅스를 오가며” 말이다. 지켜야 하는
우리의 것은 외국에 팔고, 외국의 문물 앞을 끊임없이 오가는
안타까운 현실이 시 속에 녹아 있다.

이 모든 시적 상황들은 결국 사물을 바라보는 시인의 마음에
서 연유하는 것이다. 서로가 서로를 배려하는 진심이 담긴 마음
도, 현실을 응대하는 안타까운 마음도 시인의 깊은 성찰에서 비
롯된다. 이러한 성찰이 소박하고 평범한 시어를 통해 군더더기
없이 그려지고 있다.

윤효 시인의 시는 일상에서 길어 올린 이야기들이다. 사실 우
리가 지향해야 하는 시는 환상과 그로테스크의 아슬아슬한 줄
타기가 아니라, 이미지와 수식의 집합체가 아니라, 윤효 시인의
시처럼 일상에서 마음을 다해 얻어낸 이야기들일 것이다. 이 이
야기들은 깊은 사유를 통해 정화되어 시의 언어로 우리에게 전
해진다. 이때의 시의 언어는 고도의 압축미를 통해 절제되어 표

현된다.

아가는 연신 뭐라 뭐라 하는데 통 알아들을 수 없었다.

마침 이웃에 통역사가 살고 있었다.

막 말문이 튄 이 분야 최고의 전문가였다.

그런데 그는 통역을 생글거리는 눈빛으로만 했다.

말로써는 전할 수 없다는 것이다.

말 이전의 세계를 넘보려 한 내가 잘못이었다.

—「불립문자」 전문

아가의 말이야말로 때묻지 않은 순수함 그 자체이다. 속세에 물들지 않고 지극히 원초적인 말. "알아들을 수"는 없지만 세상과 타협한 어른들의 말과는 본질적으로 다르다. 시인은 아가의 말을 통해 "말 이전의 세계" 즉 마음의 세계에 대해 이야기한다.

불립문자는 언어나 문자에 의지하지 않는다는 뜻으로, 불도의 깨달음은 마음에서 마음으로 전하는 것이라는 의미이다. "말로써는 전할 수 없"는 그 무엇. 말 이전의 세계는 마음의 세계일 것이다. 생각이나 말 이전에 마음에 초점을 두고 삶의 단면을 하나씩 풀어나가는 세계 말이다. 이와 같이 윤효 시인은 마음으로 사물을 들여다보고 그 상황에 집중하여 압축적으로 시상을 전개하여 보여준다.

　윤효 시인의 시는 이미지 위주의 현대시에 한 줄기 빛을 선사한다. 윤효 시인의 시는 길지도 않고, 어렵지도 않다. 하지만 이 짧은 언어에 한 소식이 있다. 군더더기 없이 삶의 모습을 형상화하여 시 속에 드러내는 것이다. 언어를 경제적으로 운용하는 깊은 내공이 느껴진다.『언어경제학서설』에 실린 시인의 시에 대한 정의가 함의된 시 한 편을 소개하며 이 글을 마친다.

　　한 생각을 두 줄로 늘이지 말 것

　　다만

　　열 생각을

　　한 줄로 줄일 것
　　　　　　　　　　　　　　　　—「시를 위하여 1」 전문

미리 올, 봄에 대하여
─양균원론

　시는 우리 삶의 구체적인 모습들을 이미지로 형상화하여 보여준다. 인간의 다양한 삶의 양상들이 시를 통해 드러나는 것이다. 때문에 시는 인간의 삶과 함께 현재 그곳에 있는 것처럼 존재한다. 양균원 시인의 시는 이와 같이 현재 우리가 놓여 있는 삶의 단면들을 보여준다. 일상에서 마주한 풍경들이 시인의 견고한 세계관을 통해 시에 나타난다.

　양균원 시인은 인간의 보편적인 삶을 응시하여 존재의 의미를 창출한다. 일상의 반복이 인간의 삶을 살아가게 만들지만, 반복의 범주 안에는 많은 의미들이 내포되어 있다. 이 의미는 이미지와 진술의 적절한 조합으로 나타난다. 감각적으로 주어지는 구체적인 형상인 이미지에 독백적 진술을 가감하여 의미를 창출하고 있는 것이다. 스스로 시적 대상이 되어 자신을 돌아보고 반성하는 독백적 진술을 사용하고 있다는 점도 눈여겨보아야 할 지점이다.

　　겨울 버스 발작에 리듬을 타는 것이 있다

눈이 물이 되고 물이 공기가 되고
공기가 숨이 되고 숨이

숨이 사라지면 그 에너지는
언제 어디서 미친 눈보라가 될까

고체는 액체에게, 액체는 기체에게, 저항하지, 속부터 끓지

오월이면 어김없이 필 등꽃이 밉다

내밀 곳이 더 이상 떠오르지 않아도
뭔가 쓰고 있는, 아침

줄타기의 끝에 먼저 도착 중인 허기쯤은
매운 맛으로 달래놓고, 머문 자리 지우는, 정오

척추의 꼬리뼈 사이에
한 평 불빛이 가물가물 최면을 일으키는, 밤이면

첩첩 쌓여가는 유혈 활자의 실험실에서
면역의 줄기세포를 배아 중인

그것의 이름으로

우산살 뒤집힌 신경다발이
또 한 상자의 책을 내던지고 있겠지

—「그것」전문

시의 화자인 시인은 현재 "유혈 활자의 실험실에서" "면역의 줄기세포를 배아" 중이다. 말하자면 아침부터 밤까지 "그것의 이름으로" 즉, '시의 이름으로' 시 창작에 골몰해 있는 것이다. 사계절 중 마지막 계절이 겨울이다. 이 겨울의 이미지는 추위와 어둠 즉, 시련, 수난, 절망과 같은 암울한 시간들을 내포하고 있다. 하지만 이 시간들을 견디면 곧 봄이 올 것이다. 이것이 "겨울 버스"가 발작을 하지만, 그 와중에도 "리듬을 타는 것"들이 존재하는 이유이기도 하다.

"고체는 액체에게, 액체는 기체에게, 저항"하지만, "오월이면 어김없이 필 등꽃이" 때로는 밉지만, 설령 "내밀 곳이 더 이상 떠오르지" 않는다고 하더라도 "뭔가 쓰고 있는, 아침"이 있기 때문에 견딜 수 있다. 시를 창작하는 것은 많은 인내를 요구하는 어려운 작업이라는 것을 뜻한다.

때문에 시인은 한 편의 시를 창작하기 위해서는 스스로 "괴물"이 되어야 한다고 말한다. "가장 가까운 가장 먼 테두리에서 그 너머를 꿈"꾸는 사람, "그래야 하는 이유와 그럴 수도 있는 대체 사이에서" 방황하는 사람은 다름 아닌 모든 시인이다. 그리고 이에는 양균원 시인도 포함된다. "쓰다 만 시의 며칠째"라 하더라도, "모든 게 새나가는 찢어진 어망"일지라도 "은빛 비늘이 반짝"(「술 마시면 담배가 생각나고」)일지니 언제든 시를 낚아챌 태세를 늘 갖추고 있어야 한다.

다행인 것은
자신을 설명할 까닭이 없는 까닭

까닭이 까닭 없이 싫어져 이동 중인 당신

다들 한 컷에 열중,
찍히는 것에는 얼굴이 있고 손이 있고 미소가 있고
다시 시작이라고 생각한 순간에 떨어지는
꽃의 궤적이 있고

한 컷은
찰칵 자르는 것
토끼 귀 풍선이거나
상아이빨 아이스크림이거나 상관할 바 아니지만
무자비하게 베어내는 것

자른다고 다 잘리는 것도 아니지만

잘라내야만
사랑 이야기가 정지와
정지의 불연속 단면이라는 것을 증명해주겠지

개화가 불안을 깨웠지만 낙화가 잠재우지는 못하고

까닥까닥 걷고 있는 까닭은
당신이 저리 무수히 지고 있으니

—「봄나들이 지침서」 전문

봄나들이를 가기 위해서는 무엇이 필요할까. 도시락, 간식, 돗자리, 모자, 산뜻한 바람, 따뜻한 햇살 등이 필요할 것이다. 시인은 이와 더불어 즐거운 봄나들이를 위해서는 꼭 해야 하는 일이 있다고 한다. 그것은 다름 아닌 사진을 찍는 행위이다. 사진으로 그 순간의 일부분을 남겨두는 것이다.

"까닭이 까닭 없이 싫어져 이동 중인 당신"들 틈에서 함께 이동하고 있던 시인은 한 가지를 발견한다. 모두 "한 컷에 열중"하고 있다는 사실이다. 그런데 이 "한 컷은" "자른다고 다 잘리는 것도 아니지만", "자르는 것"이고 "베어내는 것"이다. 그래야만 사진이 가지고 있는 특성을 보여줄 수 있기 때문이다. 다시 말해 사진이 "정지의 불연속 단면이라는 것을 증명"할 수 있기 때문이다.

사실 정지되어 있는 것들의 단면을 보여주는 사진은 우리 삶의 모습을 모두 보여주지 못한다. 말 그대로 '단면', 즉 일부분만을 보여주기 때문이다. 그런데 이 일부분 안에 삶의 본질이 담겨 있다. "찍히는 것에는 얼굴이 있고 손이 있고 미소가 있고" 그리고 "꽃의 궤적"이 있다. 인간의 일상이 있고 우주의 만물이 있는 셈이다. 이는 우리가 살아가고 있는 하루하루가 곧 우주인 까닭이다. 시인은 봄의 우주를 시 속에 들여놓았다.

하지만 안타깝게도 "개화가 불안을 깨웠지만 낙화가 잠재우지는" 못한다. "당신이 저리 무수히 지고" 있는 상황에서 시인이 할 수 있는 것은 까닥까닥 걷는 일뿐이다. 쉼 없이 피고 지는 봄꽃들 사이에서 시인은 인간의 삶의 모습을 놓치지 않는다. 이를 포착하여 시로 형상화하여 보여주고 있다. 이와 같은 시인의 혜안을 따라가다 보면 남겨진 것들에 애정을 쏟는 시인을 만날 수 있다.

> 찻잔을 치운 후
> 뒤에 남겨진 물 자국
> 나뭇결에 스미어 부푼 상흔이
> 안단테로 말라간다
> 겨울옷에는 숨은 단춧구멍이 많다
> 처음엔 살갗에 난 물집이더니
> 붓 자국 머금은 습자지더니
> 햇살 흐릿하게
> 새가 날아가고 있다, 창밖으로
> 바람 그치자
> 숨을 고르는 나뭇가지들
> 흰 날갯짓이 번져가는 가장자리
> 증발하고 있다, 찬 공기 속으로
> 소문보다 빠르게 사라지면서
> 누군가 일으킨 천일염 결빙
> 푸른 소실점을 향하여
> 완고한 일자(一字) 획으로
> 뿌려지고 있다

—「비행운」 전문

이 시는 '찻잔→자국→상흔→안단테→푸른 소실점→비행운'으로 이어지는 이미지의 전환이 선명하게 그려진다. 시인인 화자는 테이블 위에 놓여 있는 "찻잔을 치운"다. 찻잔이 사라진 자리에는 "물 자국"이 남겨져 있다. 이 "물 자국"은 "나뭇결에 스미어" 있는 "부푼 상흔"으로 시상이 확장된다. "부푼 상흔"은 다시 한 번 "안단테"로 확장된다. 두 번의 확장을 통해 이미지의 형상을 뚜렷하게 보여주는 효과를 가져온다.

느리게 말라가는 물 자국과 느리게 치유되는 상흔. 결국 "찻잔을 치운 후/뒤에 남겨진 물 자국이" 나뭇결에 스며 "안단테"로 느리게 말라간다. 상흔이 "가장자리"에서부터 천천히 "증발"하는 것이다. "처음엔 살갗에 난 물집이더니/붓 자국 머금은 습자지더니" "바람 그치자" 천천히 사라져간다. 그리하여 "푸른 소실점을" 향해 "완고한 일자(一字) 획으로" 뿌려진다. 이것이 '비행운'이 되는 것이다. 이 이미지들은 결국 "겨울에는 숨은 단춧구멍이 많다"는 문구로 귀결된다. 자국과 상흔, 소실점 등 이 모든 것들은 꿰어서 맞추어야 하는 구멍인 것이다. 남아 있는 것들의 흔적에서 깊은 사유를 보여주고 있다.

시인의 깊은 사유는 「초하」에서도 이어진다. 초여름 "아카시꽃이 주렁주렁" 열려 있지만, 향기가 나지 않는다. 불어오는 바람에 "싼 단내마저 날리지 않는" "욕망의 기억마저 꿈쩍하지 않는" 위태로운 초여름이다. 아카시 향기가 멀리까지 퍼지는 것은 모든 만물이 푸름의 빛을 나타내는 이른 여름의 일이다.

그런데 향기 대신 계곡의 바위에 납작하게 붙어 살이 올라 있는 이끼를 만날 수 있다. 이 이끼는 "말갛게 씻긴 돌기 돌기를" 열어 시인에게 선물한다. "살 오른 이끼가/계곡 바위에 납작 붙어" "연둣빛"(「초하」)을 내뿜는 것이 시인에게 포착된 것이다. 시인은 우리의 삶에 지금 당장 향기는 없지만, 언젠가 연둣빛이 무성할 날이 곧 오리라는 것을 이 시를 통해 전달하고자 한다.

이와 같이 양균원 시인의 시에는 일상에서 길어 올린 사유가 섬세한 이미지로 그려지고 있다. 한바탕 소나기가 지나간 후의 고즈넉한 풍경이 시인의 사유를 통해 재탄생된 것이다. 재탄생은 사물을 깊이 들여다보는 시인의 혜안에서 나온다.

시적 사유의 힘은 일상에서 나온다. 마주치는 풍경과 경험했던 모든 것들이 시의 영역이 될 수 있다. 물론 이와 같은 풍경과 경험이 진술 그 자체로 그친다면 시라 할 수 없을 것이다. 양균원 시인의 시에는 풍경과 경험이 진술과 이미지의 결합체로 존재하며 여기에 깊은 사유가 있기 때문에 힘이 느껴진다. 보이지 않는 내면을 들여다보려 함은 시뿐만이 아니라 모든 문학의 영역에서 중요하다. 양균원 시인은 이 부분을 놓치지 않고 우리 삶의 구체적인 모습들을 자세하고도 날카롭게 들여다본다. 그리고 그곳에 삶이 있고 진리가 있다는 것을 보여준다.

내부로 향한 자아의 시선
―조성국론

　시를 쓴다는 것은 때로는 자기 고백이기도 하다. 자기 고백을 통해 자신을 성찰하고 앞으로의 삶을 모색한다. 때문에 한 사람의 삶의 내면이 시작품을 통해 은연중에 드러나게 된다. 유년의 즐거웠거나 혹은 슬펐던 기억, 과거의 피할 수 없는 상처들이 시 속에 그대로 투영되기 마련이다. 시인은 이러한 고백을 통해 자신의 내면에 내재되어 있는 보이지 않는 상처를 치유하고, 이를 담담하게 받아들이며 보다 나은 생활을 영유하고자 한다.

　즉 자신의 내부로 향하고 있는 시인의 시선이 자아의 현존에 관철되어 나타나고 있는 것이다. 과거의 한 기억으로부터 시인의 이야기는 시작된다. 이 과거의 기억은 함부로 꺼낼 수 없었기에 지금껏 시인의 내부에 침잠되어 있다가 못다 한 이야기로 수면 위에 드러난다. 여기 조성국 시인이 그러하다. 시인은 시를 통해 지나온 뼈아픈 과거의 시간과 유년의 기억, 현재의 일상을 담담하게 풀어내고 있다.

　　내 나이를 묻으니까 얼른 대답할
　　생각이 들었다

아카시 꽃향기 자욱한

광주 근교 예비군무기고에서 탈취해온 M1소총

밤하늘에다 대고

세발 네발 연달아 쏘아대던

그러니까 옥상에서

계엄군이 쳐들어온다는 가녀린 누나의 새벽방송을 새겨들으며

불끈 그러나 실은 맞은편

상무관 마룻바닥에 널린, 구더기 꿈틀대던 시체 껴안고

있는 힘 다해

애타게 부르짖는 광경이

겁나게

떠올라서 무턱대고 쏘아 올린 총탄

포물선 그으며

티끌 한 점 건드릴 힘도 없이 그냥 툭 떨어지듯

사근사근 대변하듯 외신기자회견 마친

광대뼈 붉어진 곱슬머리 형이 올롱한 눈빛 치켜뜨며 덥석 끌어안아

주며

도청 밖으로 재빨리 내쫓아 보내놓고선

총 맞은

총을 맞아주는

늦은 봄날의 긴 새벽

장전된 제 총의 방아쇠를 끝끝내 당기지도 않았던 최후의

일각

거기에서부터 나는

내 삶의 나이를 다시 먹기로 시작했으니까
당연히 대답하기가 훨씬 수월해서였다

—「나이를 묻으니까」 전문

시인은 나이를 묻고 산다. 세월이 가는 것이 싫어서 나이를 묻고 사는 것이 아니라, 말 그대로 나이가 보이지 않도록 시간을 묻었다는 의미이다. 시간을 묻었다는 것은 당시의 상황 즉, 광주의 5월을 함께 묻었다는 것을 함의한다. 때론 기억하고 싶지 않은 일들이 자꾸 수면 위로 떠올라 심장을 괴롭힐 때가 있다. 광주가 고향인 시인에게 이 순간이 아마 그러한 순간일 것이다.

총알이 날아다니고 누군가를 애타게 부르짓는 광경이 2연에 잘 나타나 있다. 시의 화자이자 시인에게 눈 앞에 펼쳐진 이 광경은 실제 눈 앞에 펼쳐져 있으나, 다시는 되새기고 싶지 않은 그러한 아픔이자 슬픔이다. "광주 근교 예비군무기고에서 탈취해온 M1 소총"은 당시의 절박하고도 긴박한 상황을 전해준다. 두려움을 떨치기 위해 "밤하늘에다 대고/세발 네발 연달아 쏘아대던" 옥상에서 "계엄군이 쳐들어온다는 가녀린 누나의 새벽방송을 새겨들으며" 시인은 어떤 생각을 했을까.

한 치 앞도 예견할 수 없는 무서움과 두려움이 도청 안과 밖에 어둠으로 짙게 깔려 있다. 당시 고등학교 2학년이었던 시인에게 1980년대 5·18광주민주화운동은 살아남았다는 자체만으로도 지독한 고통이었을 것이다. 많은 이들이 생(生)과 사(死)를 달리했던 시절, "있는 힘 다해/애타게 부르짖는 광경이" 시인에게는 "늦은 봄날의 긴 새벽"일 수밖에 없는 이유이다.

시인은 "장전된 제 총의 방아쇠를 끝끝내 당기지도 않았던 최후의//일각/거기에서부터" 자신의 "삶의 나이를 다시 먹기로 시작"하였다. 그러면 "대답하기가 훨씬 수월해서"이다. 광주의 사건을 계기로 거기에서부터 시인의 나이는 다시 시작되고 있다. 처음에는 나이를 묻고자 하였으나 이제는 나이를 묻지 않아도 될 것이다. 그곳에서부터 시인의 또 다른 삶이 이어지고 있기 때문이다. 광주의 5월에 대해 이야기하고 있는 이 시는 향기로운 "아카시 꽃향기"가 코끝을 맴도는 화사한 5월의 풍경과 대조적이다.

밥이 없어졌다
내가 먹을 밥을 몽땅 먹어치운 걸 알고도
입단속부터 시켰다
시끄럽게 굴지 말라고 얼른 새 밥을 지어주었다
눈에 잘 띄게 부뚜막에다 한 그릇
고봉으로 퍼 담아 두었다
몇 날 며칠 집 나가선 돌아오지 않는 지아비 찾으러 갔다가
얼토당토않게 폭도로
오인 받아 끌려간 문간방
그 여자의 딸애를 거두었다

알게 모르게 눈치껏

뜨신 밥을 여투었다가

손수 챙겨주는 나날이 많았다

세월은 흘러가도 산천은 안다는 그 여자의 추모사연을

낭독하는 딸애로부터 듣고

검정 정장 차려입은 대통령이 울먹울먹 부둥켜안은 기념행사

중계방송을 보며 엄마도 따라 울었다

——「후일담」 전문

　이 시 역시 광주의 5월에 대한 시이다. 1980년 5월이 지난 먼 훗날, 당시의 일에 대해 이야기를 덧붙이는 후일담 형식을 취하고 있다. 사건의 전말은 이러하다. "몇 날 며칠 집 나가선 돌아오지 않는 지아비 찾으러 갔다가/얼토당토않게 폭도로/오인 받아 끌려간 문간방" 사람이 있다. 시인인 화자는 혼자 남은 "그 여자의 딸애를 거두"어 "알게 모르게 눈치껏/뜨신 밥을 여투었다가/손수 챙겨"주었다. 시인은 혼자 남은 딸아이를 모른 척할 수 없었던 것이다.

　시끄러운 상황이 되기 전에 "얼른 새 밥을 지어" "눈에 잘 띄게 부뚜막에다 한 그릇/고봉으로 퍼 담아" 둔다. 이에는 따뜻한 마음도 고봉으로 담겨 있다. 부모 없는 것도 서러운데 배까지 고프면 안 되겠기에 선택한 방식이다. 이제는 그 딸아이가 "그 여자의 추모사연을" 낭독한다.

　매해 5월이면 광주에서는 1980년 당시 상황을 되돌아보며 추

모 행사를 한다. 어떤 이들은 직접 겪어보지 않고서는 말을 하지 말라고 한다. 이 말은 당시의 참혹함이 말로 다 표현할 수 없음을 의미한다. 1980년대의 광주의 이야기는 오랜 시간이 지난 후에 누군가 '후일담'처럼 이야기하여도 슬프고 아픈 이야기일 수밖에 없다. TV로 중계되는 기념행사 방송을 보며 현재에도 따라 올 수밖에 없는 기막힌 사연은 세월이 흘러도 산천만은 다 알고 있을 것이다.

조성국 시인의 시는 대부분 삶의 현장에서 마주할 수 있는 익숙한 풍경과 사람살이의 이야기들이다. 시인의 시선은 아픈 과거에만 함몰되어 있지 않고 일상의 구체적인 생활로 복귀하기도 한다. 과거에만 매여 있는 삶이라면 앞으로의 진전도 없을 것이다. 그럼에도 불구하고 이어지는 것이 삶이고 구체적인 우리의 생활이다. 아래의 시편이 시인의 일상을 전해준다.

성기는 족보 쓰는 신성한 필기구다
낙서하지 말자*

라고 쓴, 시 구절을 보다가 문득 든 생각이었을 것이다

아마도 검정교복 어깨 맡에 상고머리의 흰 비듬이
수북수북 쌓이던 때였을 것이다
거치스름한 거웃이

한창 우거지던 무렵이었을 것이다
나도 몰래 숨어서 급히 깔겨 쓴 낙서를 좀 하긴 했으나
낯부끄럽고 창피해서
스스로 자책하듯 참고 또 참아도 보았을 것이다

어루더듬어보면
지방대학 정문께서 통일서각 열고
인문사회과학이나 몇 권 팔아 볼 속셈으로 밤새 학습하고
사업한답시고 농공단지 유리공장에 붙박여 좆빵이치거나 또는 영업
한답시고
맨날 접대 술이나 처먹느라
족보를 부지런히 써 보기는커녕
벌써, 잉크가 굳어버린 만년필 꼴이 되었으니
여자 구박도 솔찬히 얻어들을 것이다

그래도 혹시나 해서
좀 뜨끈뜨끈한 물에 잠시 담가 두면 몇 자쯤 쓸 수 있겠거니 흑심도
애써 부려보았더니만
좆도, 신성한 필기구가 되기에는 아예 글러버렸다

* 함민복 시인의 시, 「자위」를 옮겨왔다.

— 「만년필」 전문

　이 시의 출발점은 함민복의 시 「자위」에서 시작된다. "성기
는 족보 쓰는 신성한 필기구다/낙서하지 말자, 다시는"(「자위」,

『우울氏의 一日』)이라는 단 두 줄의 시이지만 시인으로서 함부로 글을 남발하지 않겠다는 함민복 시인의 내포적 의지가 담겨 있다. 조성국 시인 역시 위의 시에서 만년필이라는 도구를 통해 시인 자신의 시쓰기에 대해 진술하고 있다. 시인의 시쓰기는 "검정교복 어깨 말에 상고머리의 흰 비듬이/수북수북 쌓이던 때"부터 시작된다. "몰래 숨어서 급히 깔겨 쓴 낙서"가 지금의 시인을 만든 원동력이 되었을 것이다.

시의 제목이기도 한 '만년필'은 필기도구의 일종으로 글을 쓰는 도구이다. 이 만년필을 통해 부지런히 족보를 써야 했으나 누구에게든 삶이란 그리 녹록한 문제는 아니다. "지방대학 정문께서 통일서각 열고" "사업한답시고 농공단지 유리공장에 붙박여 좆뺑이치거나 또는 영업한답시고/맨날 접대 술이나 처먹"느라 제대로 된 탄탄한 족보를 쓰기 힘들었을 것이다. "족보를 부지런히 써 보기는커녕/벌써, 잉크가 굳어버린 만년필 꼴이 되었으니/여자 구박도 솔찬히 얻어들"었다. 그래도 혹시나 하는 마음에 "뜨끈뜨끈한 물에 잠시 담가 두면 몇 자쯤 쓸 수 있겠거니 흑심도/애써 부려보"지만 "신성한 필기구가 되기에는 아예 글러버렸다".

족보는 한 집안의 혈통을 기록한 책이다. 한 집안에 혈통을 기록한 이 족보가 있다면, 시인에게는 만년필을 통해 시를 짓는 사람으로서 시가(詩家)를 이루려 하였던 시인의 노력이 있다. 만년필을 통해 족보를 들여다보는 시인의 은유가 돋보이는 작품이다. 족보를 부지런히 써 내려가야 하는 이 시점에서 지체되어 있는 시인 자신의 면모를 엿볼 수 있다. 시인의 삶이 비록 순탄하지만은 않았더라도 시인은 유쾌하면서도 구슬프게 자신의 모습을 시 속에 투영하고 있다. 표면적으로는 만년필에 대한 이야기이나, 한 시인의 이력에 대해 읽어낼 수 있는 시이다.

가끔 강물위에 쓴 시*
북카페 놀러가는 날에는 반드시 들러보는
징검다리가 있는데요
실버들을 천만사(千萬絲) 늘어놓고도 가는 봄을 잡지도 못한다는
김소월 작시 희자매의 노래도 흥얼거리며
강 건너갔다 오는데요 몇 시간째 꿈쩍 않고 눈 지릅뜬 채
부릴 작살같이 도사린 새 한 마리 외발로 꼿꼿이 서 있더니만
물고기를 재빨리 낚아채는 거예요
순식간 입부리에서 퍼덕거린 물고기를 본 내가 엉겁결에
돌멩이 냅다 주워 내던졌고 풍덩
새도 그만 놀라 물고기를 떨어뜨리고 말았지요
그러구는 한 사나흘쯤 흘렀을까요
물빛이 하도나 맑아 노둣돌 딛고 여기저기 거슬러가는 물고기를 지켜보는데요
놀랍게도 등줄기에
뒤꽁무니 닳은 대사리만 한 흠집의 물고기가 눈에 붙들리는 거예요
어엿하게 상류 쪽으로 머릴 향해두고
열심히 헤엄치는 광경에 잔뜩 환희 어린 뿌듯함이 어쩌나 출렁거리지
한참동안이나 등덜미가 찌르르 저려 오더라니까요

전라남도 나주 남평읍 드들강변에 가면 홍관희 시인이 운영하는 '강물위에 쓴 시'라는 북카페가 있다. 시인은 가끔 이곳으로 향한다. 이곳에 오면 꼭 들러본다는 징검다리. 시인은 징검다리를 통해 강을 건너갔다 오다 어느 날 "외발로 꼿꼿이 서있"던 "새 한 마리"가 "물고기를 재빨리 낚아채는" 장면을 목격하게 된다. 이 광경에 놀란 시인은 자신도 모르게 "엉겁결에/돌멩이 냅다 주워 내던졌"다. "새도 그만 놀라 물고기를 떨어뜨리고" 만다. 새의 입에 물려 황천길 갈 뻔하였던 물고기도 놀라고, 시인이 던진 돌에 새도 놀라고, 시인도 놀란다.

며칠 지나 다시 찾은 징검다리에서 시인은 "등덜미가 찌르르 저려" 옴을 느낀다. "뒤꽁무니 닳은 대사리만 한 흠집"을 가지고 있는 "물고기가 눈에 붙들"렸기 때문이다. 이 물고기는 다름 아닌 시인이 새에게서 구해준 물고기이다. 이 물고기가 "어엿하게 상류 쪽으로 머릴 향해두고/열심히 헤엄치는 광경"을 보고 있자니, "환희 어린 뿌듯함이" 느껴진 것이다. 약육강식의 사회이지만 생명은 인간뿐만 아니라 누구에게나, 무엇이든지 소중한 법이다. 작은 생물체도 그냥 보아넘기지 않고 자신과 동일시하여 의미를 부여하는 시인의 시선에서 예리함이 엿보인다.

「악동」은 유년 시절의 이야기이다. 제목처럼 장난치기를 좋아하였던 시인인 화자의 어릴 적 모습이 그려진다. 해질 무렵 한 동네에 살던 이웃집 누나의 입술을 훔쳤던 화자는 연사나흘 숨어 지내며 "벌 받듯 가슴이 꿍꽝거려 혼쭐"나는 경험을 한다. 이것이 첫 번째 악동짓이다. 두 번째는 친구의 엄마를 향하고 있다. 친구와 "맞붙어 한 판" 벌렸는데 친구의 엄마는 왜 싸우게 되었는지 자초지종도 묻지 않고 일방적으로 화자의 "이마머릴 쥐어박"았다. 억울한 화자는 친구의 엄마가 "밭 매러 가는 두렁에 먼저 가서/땅벌 집 건들어 놓고 재빨리 숨어 지켜"본다. 입술을 훔쳤던 이웃집 누나는 어떻게 살고 있을까. 시인만 혼냈던 친구의 엄마는 어떻게 되었을까. 시인의 내면에 잠재되어 있다가 오랜 시간이 지난 후 새록새록 떠오르는 과거의 기억이 한 편의 시가 되고 있다.

내부로 향해 있는 시인의 시선은 시를 쓰는 원동력으로 작용한다. 인간의 감정은 한 가지로 이야기할 수 없이 복잡하다. 내면 깊은 곳에 내재되어 있는 이러한 자아의 감정들이 시인으로 하여금 시를 쓰게 만드는 것이다. 잊어서는 안 될 역사적으로 뼈아픈 슬픈 시간도 유년 시절의 시간도 그리고 담담하게 일상을 받아들이는 현재의 시간까지 이 모든 순간들이 층층이 모여 시의 집을 짓고 있다.

우리의 삶은 과거의 기억으로부터 자유로울 수 없다. 좋은 기억들만 간직할 수 있다면 좋겠지만 때로는 본인의 의도와 상관없이 아프고도 슬픈 기억을 간직할 수밖에 없는 경우들이 있다. 당시에는 견딜 수 없는 시간들의 연속이었겠지만 훗날 많은 시간이 흐르고 난 뒤라면 "나만 멀쩡해서 미안"(「수선화 피는 망월28-2번지」,『나만 멀쩡해서 미안해』)하다고 자책하지 않아도 될 것이다. 혼자 아파했던 수많은 밤들이 그동안 그들을 충분히 위로했기 때문이다.

이지적 감각으로 노래하는 서정
—고성만론

　문학은 화법과 구조에 있어 여타의 다른 글에 담긴 세계관과 다른 양상을 나타낸다. 특히 시에 담긴 세계관은 정치·경제·사회과학적인 글과는 달리 삶의 총체적인 의미를 내포한다. 여기에 내포되어 있는 삶의 의미는 개인의 차원을 넘어 보편성을 획득할 때 읽는 이로 하여금 공감대를 형성할 수 있음은 자명하다. 고성만 시인의 시에는 오늘날 현대인이 살아가는 존재론적 성찰의 모습이 서정과 이지적인 언어로 형상화되어 나타나고 있다.

　　오늘 내게 운명을 묻는 사람 있다면 별자리 짚어 알려 주리 어느 하루 구름 끼지 않은 날 없다고

　　오늘 또 내게 사랑을 물어오는 사람 있다면 손가락 들어 가리키리 바다 건너 점점이 깜박이는 섬의 불빛

　　포구는 메워지고 물길조차 사라져가고 있으니

　　나 이제,

울어야 하리

일생 가장 빛나는 날 사라지는 초신성처럼
—「떠돌이 점성술사」 전문

이 시에는 두 가지의 이야기가 있다. 운명과 사랑에 대한 것이다. 운명과 사랑은 인류가 존재하면서 끊임없이 되풀이되는 질문이다. 과연 시인은 운명을 택하였을까, 사랑을 택하였을까. 점성술사는 별의 빛이나 위치를 보고 점을 치는 점술가이다. 점성술사가 하는 역할은 미래를 내다보는 것이다. 하지만 이 점성술사는 한곳에 정착하지 못하고 이리저리 떠돌아다니는 '떠돌이'이다. 별이 위치를 바꾸며 한곳에 머물지 못하는 것처럼 점성술사 역시 그러하다. 어쩌면 떠돌아다니는 것이 점성술사의 운명일 것이다. 그렇다면 시인의 운명은 어떠한가. 시인 역시 떠돌아다니는 삶을 사는 사람들이다. 몸은 한곳에 정착하여 있다고 하더라도 마음만은 세상 이곳저곳, 더 멀리는 세계 이곳저곳을 떠돌아다닌다.

누군가 시 속의 화자인 시인에게 '운명을' 묻는다면 "어느 하루 구름 끼지 않은 날 없다고" "별자리 짚어 알려" 주겠다고 한다. 실제 인간의 삶은 고난의 연속이다. 많은 날들 중에서 구름 끼지 않고 환한 날이 며칠이나 될까. 삶은 끊임없는 고난과의 사투이고, 이 사투를 통해 자신의 존재를 확장시켜 나간다. 그렇다고 매번 고비만 있는 것이 아니라, 때로는 즐거움과 행복이 기다리고 있다. 이 즐거움과 행복이 삶을 이끌어나가는 원동력이 되기도 한다.

또 '사랑을' 묻는다면 "손가락 들어" "바다 건너 점점이 깜박이는 섬의 불빛"을 가리키겠다고 말한다. 화자인 시인에게 사랑은 바다 건너 닿을 수 없는 곳에 있는 깜박이는 불빛과 같은 존재이다. "포구는 메워지고 물길"이 사라져가고 있으니, 이제 화자가 할 수 있는 일은 우는 일만 남았다. 사랑에게 닿는 길이 없어지고 있는 것이다.

시인은 "일생 가장 빛나는 날 사라지는 초신성처럼" 울겠다고 한다. 초신성은 질량이 큰 별이 진화하는 마지막 단계로, 급격한 폭발로 인해 엄청나게 밝아진 뒤 점차 사라진다. 시인 역시 점성술사처럼 시인, 아버지, 가장, 남편, 자식 등등의 모든 소임을 다한 뒤 자신도 언젠가는 사라질지 모른다고 조심스럽게 예언을 해보는 것이다. 따라서 이 시의 점성술사는 운명을 역행하지 않는 시인 자신이라고 볼 수 있겠다. 1연과 2연이 유사한 구조를 반복함으로써 그 의미를 더욱 효과적으로 드러내고 있다.

느릅나무 가로수 길에서
내게 온 편지 없나 궁금하여 기웃기웃
집배원 아저씨

빨간 오토바이를 따라가면

논밭
굽이돌아
미꾸리 각시붕어 동자개 헤엄치는 여울 가
어머 얘 좀 봐,
혼인색으로 발갛게 물든 피라미에게
탄성 터트리는 열일곱 네가 살던 집

오르다 오르다 지쳐 가쁜 숨 몰아쉬는
버들치를 안고 슬픔에 젖은 길섶
함뿍 이슬에 적신 달맞이꽃 노란 눈썹
만날지도 몰라

너 위해 쓴 시집 한 권 부치러

신시가지 복개도로 앞
새로 생긴
우체국에 가면

—「느릅나무 우체국」 전문

북유럽 신화에 느릅나무에 얽힌 이야기가 나온다. 아스크와 엠블라는 북유럽 신화에 나오는 태초의 인간이다. 오딘 삼형제 (오딘, 빌리, 베이)는 위미르를 죽이고 위미르의 몸으로 세상을 만들었다. 어느 날 바닷가를 걷던 삼형제는 우연히 커다란 물푸레나무와 느릅나무를 발견하고, 이 나무들을 조각하여 인간을 만들었다. 물푸레나무로 남자를 만들어 아스크(askr 물푸레나무), 느릅나무로 여자를 만들어 엠브라(embra 느릅나무)라고 이름 붙여주었다.

엠브라가 북유럽 신화에 나오는 최초의 여성이라면, 시 속의 화자인 시인에게 최초의 여성은 열일곱 소녀일 것이다. 즉, 엠브라가 최초로 만들어진 여성이라면, 열일곱 소녀는 시인에게 최초로 설렘을 준 풋풋한 추억이라 할 수 있겠다. 최초와 처음이라는 단어는 설렘과 기대감을 동반한다.

이 시는 이러한 느릅나무에 얽힌 모티브와 함께 시인의 유년 속 기억과 현재의 이야기가 중첩되어 나타나고 있다. 전반부는 과거 유년의 이야기이다. "느릅나무 가로수 길에서" 유년의 자신에게 "온 편지 없나 궁금하여 기웃기웃/집배원 아저씨/빨간 오토바이를 따라"간다. 그 길 끝에는 무엇이 있을까. "혼인색으로 발갛게 물든 피라미에게/탄성 터트리는 열일곱" 소녀가 살던 집이 있다. 누구에게나 소녀와 같이 가슴 두근거리는 사람을 한 명쯤은 간직하고 있을 것이다. 시인 역시 마찬가지이다. 마음 속 홀로 간직하고 있던 두근거림이 시의 언어로 형상화되어 나타나고 있다. 후반부는 현재의 이야기로 시인은 오늘 이 소녀를 위해 쓴 "시집 한 권 부치러" "신시가지 복개도로 앞/새로 생긴/우체국에" 간다.

일정한 장소는 사람에게 포근함과 편안함을 주기도 한다. 누

73

구에게나 유난히 정이 가고 따뜻함이 느껴지는 자신만의 특별하고 인상적인 장소가 있다. 유년시절의 추억이 서려 있는 곳이나 엄마의 품과 같은 따듯한 곳 말이다. 에드워드 렐프는 이를 장소애 즉, 토포필리아라고 부른다. 시인에게는 열일곱의 소녀가 있는 느릅나무 가로수 길이 이러한 곳에 해당한다고 할 수 있다.

반면 다음에서 살펴볼 「유령도시」는 「느릅나무 우체국」처럼 친밀감을 주는 장소가 아니라, 뿌리 뽑힌 장소이다. 어떠한 장소에 뿌리를 내린다는 것은 그곳이 안전하고 편안하다는 의미이다. 따라서 뿌리가 없다는 것은 위태롭다는 것을 의미한다.

도시는 폐쇄되었다

푸르스름한 눈으로 창밖을 내다볼 때 쉬잇! 입을 가리고 웃는 구름

발 없는 사람들이 공중을 걸어 다닌다 화가 난 얼굴이다

횡단보도 적색 신호등 앞 세 번 멈추는 동안 물들어 떨어지는 잎사귀 저희끼리 소곤거리는 새들 연인들은 어둠 속에서 키스를 하다 총 든 사람들에게 납치된 뒤 여자는 다리 밑에 버려지고 남자는 트렁크에서 발견되는데

텅텅 빈 카페와 식당, 오토바이 타고 질주하는 배달원들

치정극 혹은 잔혹극 상영되던 극장이 문을 닫을 무렵 식탁 등 아래에서 배춧잎에 돼지고기 싸먹으며 식사 전 기도를 우물우물

제발 더 이상 아프지 말기를

구름이 양탄자처럼 날아다니는 호수에 후두둑

물방울이 떨어진다

— 「유령도시」 전문

　지금은 상황이 많이 좋아졌지만 2019년 12월부터 코로나19로 인하여 우리는 한동안 언택트의 시대를 살았다. 언택트 시대를 살면서 사람과 사람이 대면하여 서로 안부를 묻고 차를 마시던 자연스러운 시간이 귀해졌다. 「유령도시」는 삭막한 도시의 이미지와 한동안 극심한 코로나19로 인하여 거리에서 사람을 찾아볼 수 없었던 상황의 모습이 중첩되어 나타난다. 도시라는 공간은 각자의 이윤에 의해 움직이는 곳이다. 합리적이라는 가면을 쓰고 개인주의의 성향이 만연하는 곳이 도시인 것이다. 이 도시에는 공동체를 지향하는 '우리'라는 존재는 없다. '우리' 대신 개인인 '나'만 존재한다. 이러한 수많은 '나'들이 모여 있는 이곳은 당연히 위험할 수밖에 없다.
　심지어 이 도시는 "화가 난 얼굴"로 "발 없는 사람들이 공중을 걸어" 다니는 "유령도시"이다. "도시는 폐쇄되었"고 거리에

는 사람들이 없다. "푸르스름한 눈으로 창밖을 내다볼" 뿐이다. 밖으로 나오지 못하고 창 안에서 밖을 내다보아야 하는 정적인 시선만 있을 뿐이다. 창 안의 삶이 정적이라면 창 밖의 삶은 동적인 삶이라 할 수 있다. 그런데 이 도시의 사람들은 자의든 타의든 동적인 삶을 영위할 수 없다. 저 멀리 하늘에서 구름만 이 광경을 내려다보고 "입을 가리고 웃"고 있다.

"횡단보도 적색 신호등 앞 세 번 멈추는 동안" 즉, 봄과 여름 그리고 가을까지 세 개의 계절이 지나가는 동안 잎사귀는 물들 어 떨어졌다. 카페와 식당은 텅텅 비었고, 배달원들은 오토바이 를 타고 질주하였다. 시 속의 화자는 "극장이 문을 닫을 무렵"이 되면 저녁을 먹는다. 식사 전 기도 하는 것을 잊지 않는다. "제발 더 이상 아프지 말기를"이라고 식사를 하며 우물우물 기도한 다. "구름이 양탄자처럼 날아다니는 호수에 후두둑//물방울이 떨어진다". 물방울이 떨어진다는 것은 곧 눈물이 떨어진다는 의미이기도 하다.

자아와 존재, 세계와 존재에 대해 끊임없는 탐구를 이어가는 시인은 이를 안타까운 마음으로 지켜보는 자이다. 마지막 연의 '물방울'이 이를 증명한다. 시인은 '치정극'이든 '잔혹극'이든 이들의 삶을 보듬고자 한다. 그리고 함께 가고자 한다. 도시의 삶이 조마조마하지만, 그곳에서 삶을 들여다보고 의미를 구현 해내고자 하는 시인의 부단한 노력과 인간애가 엿보이는 지점 이다.

모퉁이 돌아가는 저 버스는 알고 있나

옛날 이곳은 나그네가 쉬어가던 주막 달을 낚고 구름을 쟁기질하던
처소 더 먼 옛날 이곳은 울력으로 다리 놓던 시냇가였다는 사실을 깜박,

깜박이는 불빛은 알고 있나

오늘은 다만 초록 벌판 위 흰 돛단배 타고 가다 어디만큼 왔니 이마께
얹은 손 내려 이렇게 한적한 곳에 나를 세워놓고

먼저 떠난 사람이 누구인지

길 끝나는 동네 쉬이 어두워지지 않는 창문을 오래오래 들여다보는
초승달

—「적막한 등불—소쇄원에서」 전문

소쇄원은 전남 담양에 위치한 별서(別墅)원림이다. 별서(別
墅)는 선비들이 속세를 떠나 자연에서 은거 생활을 하기 위한
곳으로, 산수가 빼어난 장소에 한적하게 지어진 집이다. 원림은
숲의 자연스러운 상태를 그대로 정원으로 삼는 것을 의미한다.
소쇄원은 1530년경에 양산보가 지었다. 양산보는 15세에 왕도
정치를 표방하고 개혁을 추진했던 조광조를 만나 그의 문하에
서 수학하였다. 그런데 스승인 조광조가 기묘사화로 유배당한
후 화순 능주에서 사약을 받고 세상을 뜨는 사건이 발생한다.

이에 큰 충격을 받아 벼슬길의 무상함을 깨닫고 고향에 은둔하게 되었다. 양산보가 운둔하게 된 곳이 바로 소쇄원이다. 후에 김인후를 비롯하여 송순, 정철, 송시열, 기대승 등 당대의 최고 지식인들이 드나들며 학문적으로 교류하였던 곳이기도 하다.

이 시는 '모퉁이 돌아가는 버스→깜박이는 불빛→초록 벌판→흰 돛단배→쉬이 어두워지지 않는 창문→초승달'로 응축된 시상 전개를 통해 소쇄원의 적막함에 대해 이야기하고 있다. 현재의 소쇄원 자리는 옛날 "나그네가 쉬어가던 주막"으로 "달을 낚고 구름을 쟁기질하던 처소"였다. "더 먼 옛날"에는 "울력으로 다리 놓던 시냇가였다". 그런데 이러한 사실을 깜박하며 살아간다. 즉 그 안에 담긴 가슴 아픈 사연을 잊어버린 채 살아간다는 의미이다.

"오늘은 다만 초록 벌판 위 흰 돛단배 타고 가다 어디만큼 왔"는지 묻는다. 초록 벌판과 흰 돛단배의 시각적인 이미지가 선명하게 전달되고 있다. 그렇다면 "이마께 얹은 손 내려" 한적한 곳에 화자인 시인을 세워두고 "먼저 떠난 사람"은 누구일까. "먼저 떠난 사람"은 양산보가 애달프게 생각하는 스승인 조광조일 수도 있고, 시 속의 화자인 시인보다 먼저 세상을 하직한 그리운 이들일 수도 있다.

길이 끝나는 이 동네에는 "쉬이 어두워지지 않는 창문"이 있다. 길이 끝났다는 것은 더 이상 나아가지 못하고 단절되어 있음을 의미하지만, 쉽게 어두워지지 않는 창문이라는 것은 그럼에도 불구하고 희망이 전제되어 있다는 것을 의미한다. 또한 여기에는 노란 초승달이 "창문을 오래오래 들여다보"고 있다. 개혁을 시도했으나 사약을 받아야 했던 조광조. 길이 끝나는 막다른 곳이지만 적막의 불씨라도 지피고자 하는 시인. 이들의 시너지가 창문이 좀처럼 어두워지지 않도록 물들이고 있는 것이다.

「물소리」는 청각적 이미지를 활용한 발상이 재미있는 시이다. 오줌 소리를 비 소리로 형상화하여 보여주는 시인의 시선이 다채롭다. 시 속의 화자가 가족과 함께 위치하고 있는 공간은 '다둔리 가정마을 백운령 귀래면'을 지나 강원도 어디쯤을 지나가고 있다. 최종 목적지는 강원도에 위치하고 있는 청간리이다. 청간리는 강원도 고성군의 옛이름이다. 이동 중 오줌이 마렵다는 딸 때문에 화자는 잠시 하차한다. 딸은 숲속에 쪼그려 앉아 볼일을 보고, 숲속에 있던 "좁쌀같이 피어난 산분꽃"은 때아닌 비를 맞는다. 딸아이의 오줌이 산분꽃에게는 때아닌 비가 된 셈이다. 본의아니게 또 비를 맞은 산분꽃은 딸아이의 오줌을 양분 삼아 환한 꽃을 피웠을 것이다. 이 비를 뚫고 "차는 어느새 청간리에 도착"한다. 시인의 자연친화적인 세계관이 엿보이는 대목이다.

시는 서정에 뿌리를 두고 있다. 고성만 시인이 간직하고 있는 뿌리도 이 서정이다. 서정을 바탕으로 한 감각적인 언어 즉, 이지적인 언어를 통해 시인은 메시지를 전달한다. 고성만 시인이 전달하는 메시지는 존재론적인 성찰로 한 개인의 토로이면서 현대 사회에 우리가 가지고 있는 문제점이기도 하다. 개인성을 뛰어넘어 보편성을 획득하고 있는 것이다.

우리는 현실에서 불가능한 일들이나 어려운 일들이 시를 통해 극복되기를 바란다. 극복되는 과정과 방식은 사람마다 다르겠지만, 고성만 시인은 불가능함과 어려움을 외면하지 않고 직시한다. 그 과정에서 시선을 확장하여 절제된 언어와 탄탄한 구성으로 형상화하여 보여준다. 이는 사물을 대하는 따뜻한 인간애와 섬세한 관찰력에서 기인하고 있다.

자유와 감옥의 경계
―조삼현론

 현대인에게 자유는 결핍되어 있기 때문에 늘 갈구하는 대상이다. 자신을 둘러싸고 있는 현재 상황에서 벗어나 좀 더 자유로울 수 있다면 하는 마음은 누구에게나 존재한다. 자유롭지 못한 상황에서 자유에 대한 열망은 더 크게 다가온다. 아마 코로나19로 인한 지난 2년 여의 시간 동안이 그러하였을 것이다. 외부 활동이 자유롭지 못한 상황에서 발생했던 결핍된 자유는 자유를 더 끊임없이 갈망하게 하였다.

 모두에게 간절하였던 자유에 대한 갈망과 의지는 코로나 상황뿐만 아니라 일상의 곳곳에서도 발현된다. 출근과 퇴근, 매일 반복되는 하루, 그리고 한 달. 다람쥐 쳇바퀴 돌듯 늘 반복되는 일상에서 벗어나 외부의 구속을 받지 않는 상태를 즐긴다는 것은 생각만으로도 가슴 벅차다.

 그렇다면 현대인들이 이처럼 자유를 원하는 이유는 무엇일까. 원한다고 하여 자유를 얻을 수 있는 것인가. 결론부터 이야기하자면 자유라는 것은 타인에 의해서가 아니라 자신의 내부에서 비롯되는 것이다. 이 시는 이러한 자유에 대해 이야기하고 있다. 네 개의 파트가 '극락(極樂), 극토록 즐거운'이라는 하나의 주제로 집결되어 있다. 지금부터 네 개의 파트를 하나씩 살펴보기로 하겠다.

> 어느 부족 인디언 추장은 극락조 깃털을 성기에 장신구로 매달기도 한다는데…, 구애하는 극락조 춤사위가 종이꽃수술 흔들어대는 무녀의 씻김굿 같다 높은 데 나뭇가지에서 좌에서 우로 우에서 좌로 해종일 왔다 갔다, 꽁지깃 펼쳐 달리고 노래하며 달리고 춤추며 달리고 머리를 끄덕이며 달리고 인기척을 못 느껴 달리고 화살의 공포를 망각하고 달리다 그만 발에 피멍이 다 들었다 작은 새 발톱에 나뭇가지가 닳아 반들거린다 극락조의 극락(極樂)은 사랑을 부를 때일까 사랑하다 죽을 때일까?
>
> — 조삼현, 「극락(極樂), 극토록 즐거운 中 1」 전문

극락조(極樂鳥) 파푸아뉴기니의 상징인 뉴기니섬과 그 인근에 서식하는 새이다. 뉴기니섬 사람들은 옛날부터 아름다운 깃털을 가지고 있어서, 이 극락조 깃털을 장식으로 이용하였다고 한다. 그 중 "어느 부족 인디언 추장은 극락조 깃털을 성기에 장신구로 매달기도" 하였던 것이다. 시인은 "구애하는 극락조 춤사위가 종이꽃수술 흔들어대는 무녀의 씻김굿"과 닮아 있다고 본다. 아름다운 날개를 활짝 펼치고 하늘을 나는 모습이 "좌에서 우로 우에서 좌로" 종일 왔다 갔다 하는 무녀의 씻김굿에서 사용되는 종이꽃수술에 비유되어 있다.

극락조는 "꽁지깃을 펼쳐 달리고 노래하며 달리고 춤추며 달

리고 머리를 끄덕이며 달리고 인기척을 못 느껴 달리고 화살의 공포를 망각하고 달린다". 그러다 결국 발에 피멍이 들고 만다. 이는 마치 종종거리며 하루를 살아내는 인간의 모습과 비슷하다. 이처럼 발에 피멍이 들 정도로 종일 움직이며 하루치의 삶을 살아가는 현대인들의 모습을 시인은 간과하지 않고 안타까운 시선으로 바라본다.

극락조가 유럽에 처음 소개된 것은 16세기 페르디난드 마젤란의 세계 일주 항해를 통해서라고 한다. 그런데 뉴기니에 살고 있던 부족들이 극락조 깃털의 아름다움을 강조하기 위해 극락조를 사냥해서 팔 때 다리를 잘라버렸다. 때문에 유럽인들이 처음 극락조를 보았을 때는 새의 다리가 없었다고 한다. 이로 인해 유럽에서 극락조는 다리가 없는 새로 불렸고, 다리가 없기 때문에 또 천상에 사는 새라고 불리기도 하였다.

또 극락조는 아름다운 깃털을 가지고 있어 신성한 새라는 믿음도 있고, 한자로 풀이해보면 불교의 이상향인 '극락의 새'라는 뜻이기도 하다. 극락세계는 몸과 마음에 괴로움과 걱정이 없는 즐거움과 자유로움만 있는 세상이다. 하지만 이 모든 것은 타인의 규율이나 타인의 통제에 의해 이루어지는 것이 아니라, 오로지 자신의 마음 안에서 일어나는 현상이다. 규율과 통제가 넘쳐나는 세상에서 자신의 마음 안에 있는 본래의 선한 성품이 발현될 때 극락은 사랑을 부를 때이기도 하고, 사랑하다 죽을 때이기도 할 것이다.

새의 자유가 날개라면

나에겐 나를 얽매는 바퀴였다

노동을 세공하여 만든 바퀴

깃털을 찾으려고 동쪽으로 갔으나

나침반이 고장 나 방위를 놓쳤다

구절양장 손금 길 달려 도착한

서해 어느 항구 폐사지

갈대밭에서의 밤

나는 일 획 활강하는 별똥별에서

새를 읽었다

조롱 속에 갇힌 새

탱자나무 울타리 속 손바닥

손바닥 속 조롱

나무막대 위 작은 새

좌에서 우로 우에서 좌로

달리고 달리다

사랑을 하고 새끼를 치고

먼 데 하늘을 우러른다.

— 조삼현, 「극락(極樂), 극토록 즐거운 中 2」 전문

'새의 자유가 날개라면' 시 속 화자인 시인에게 바퀴는 자신을 얽매는 도구이다. '노동을 세공하여 만든 바퀴'를 타고 깃털이라도 찾고자 동쪽으로 갔으나 고장 난 나침반으로 인해 방위를 놓치고 만다. 인생의 험한 산길 돌고 돌아 도착한 곳은 이상향이 아닌 서해의 어느 항구에 있는 폐사지이다.

시인은 이 폐사지의 갈대밭에서 "일 획 활강하는 별똥별"을 보게 되고, 별똥별에서 새 즉, 시인 자신이자 바쁜 현대인을 떠올리게 된다. 그런데 새는 조롱 속에 갇혀 있다. "탱자나무 울타리 속 손바닥" 그 "손바닥 속 조롱/나무막대 위 작은 새" 한 마리를 통해 애처로운 현대인의 모습을 형상화한다. 작은 새는 오늘도 열심히 "좌에서 우로 우에서 좌로/달리고 달"린다. 그리하여 마침내 "사랑을 하고 새끼를 치고/먼 데 하늘을 우러른다".

삶의 모습에는 굴곡도 있기 마련이다. 열심히 바퀴를 굴리며 앞을 향해 달렸지만 이 바퀴가 오히려 나를 얽매는 도구가 될 것이라고는 미처 생각하지 못하였을 것이다. 그럼에도 불구하고 서로 사랑을 하며 더불어 살아가게 되는 것이 인간의 삶이다.

목구멍보다 더 큰 경전이 세상에 있을까
한쪽 어깨엔 날개 또 한쪽 어깨엔 바퀴
어깨가 무거워 날개는 집에 두고 순례길 나섰다
바퀴는 독재자, 제 맘대로 나를 끌고 다녔다
빛과 어둠 사이 탄탄대로 지나 벼랑길로,
상갓집 돌아 예식장, 빗길 달려 무지개 언덕으로…
대나무가 나무가 아닌 '벼'과 속 풀이라니!
논두렁과 대나무밭 사이 어딘가에
깃털이 있을 거라 했지만 찾지 못하고
탁발만 했다 지구 열일곱 바퀴를 도는 동안

세 번 전복했고, 짜릿한 순간도 있었다

나와 첫 키스를 했다는 부츠를 신은 벤츠

엉덩이는 아직도 섹시할까

동에서 서로 서에서 동으로 달리고

달리다 빙판길 역주행하여 집으로 왔다

휘파람을 불었는데 아킬레스건은 왜 끊어지나

십팔 세 애인 프라이드가 죽고

콩코드와 소나타 수많은 바퀴가 죽기까지

삼십오 년이 걸렸다.

　　　　　　　　— 조삼현, 「극락(極樂), 극토록 즐거운 中 3」 전문

　세 번째 시에는 시인의 삶의 모습이 잘 형상화되어 있다. '목 구멍보다 더 큰 경전'은 세상에 없다. 살아가기 위해 음식을 채워야 하는 일보다 더 귀한 경전이 어디 있을까. 이 목구멍을 채우기 위해 시인은 오늘도 바퀴를 타고 고군분투한다.

　독재자인 바퀴는 마음대로 시인을 끌고 다니고, 시인은 속수무책 독재자에게 끌려다닌다. 바퀴는 시인이 원하는 곳에 데려다 주기도 하지만, 원하지 않는 곳에도 열심히 굴러 시인을 데려다 놓는다. 때로는 "빛과 어둠 사이 탄탄대로 지나 벼랑길로"때로는 삶과 죽음이 공존하는 "상갓집 돌아 예식장"으로, 그리고 앞을 내다볼 수 없는 험난하고 미끄러운 "빗길 달려 무지개 언덕"으로 말이다. 이때의 바퀴는 시인이 원하든 원하지 않든, 모든 것을 마음대로 하기 때문에 정말 독재자의 모습을 하고 있다.

지구 한 바퀴가 4만 킬로라고 한다. 시인이 매일 빠짐없이 출퇴근을 한 날이 삼십오 년이니, 이는 곧 출근과 퇴근을 반복하며 지구 열일곱 바퀴를 돌았다는 의미이다. 바퀴라는 독재자에게 끌려서 말이다. 하지만 바퀴가 부정적인 의미만 가지고 있는 것은 아니다. 직장이라는 굴레에서 시인을 이리저리 끌고 다닌 바퀴는 독재자이기도 하지만, 가족에게 든든한 버팀목이 되기도 하고 무지개 언덕으로 시인을 안내하기도 하였으니 그야말로 시인의 절망과 희망을 함께 한 동반자이기도 한 것이다.

절망 끝에는 낭떠러지만 있는 것이 아니다. 절망의 끝에는 희망이 있고, 시인은 이 희망을 발견하기 위해 노력하는 자이다. 조삼현 시인도 마찬가지이다. 때문에 어렵게 빗길을 달려 무지개 언덕으로 향하고자 하는 것이다. 이러한 중의적 의미는 조삼현 시인의 시를 더욱 견고하게 만든다.

바퀴로 "지구 열일곱 바퀴 도는 동안/세 번 전복했고, 짜릿한 순간도 있었다". "동에서 서로 서에서 동으로 달리고/달리다 빙판길 역주행"하였던 적도 있다. "십팔 세 애인 프라이드" 즉 시인이 18년을 탔던 프라이드가 죽고 "콩코드와 소나타 수많은 바퀴가 죽기까지" 많은 시간이 흘렀다. 목구멍이라는 경전을 채우기 위해 삼십오 년의 시간을 살아낸 것이다. 하지만 애석하게도 깃털은 아직 찾지 못하였다. 찾지 못한 깃털을 두고 시인은 우주 아래 자유로운 사람이 있는지 묻는다. 다음의 시를 보자.

깃털도 못 구했는데 자유라니

무량대수 분의 일로 축소하여

우주 조감도를 그리자

컨베이어 벨트가 되었다

벨트 위로 시간과 부속품이 쉼 없이

따라 올라왔다, 돌고 또 도는 벨트 앞

좌측 등 깜빡이를 조립하는 동안의 당신과

출근과 퇴근 사이에 낀 사무원,

비행 중인 승무원은 감옥일까 자유일까?

당신이 우측 등 깜빡이를 조립하는 동안

나는 시간을 분해해 감옥을 해체했다

살아온 날들의 쓰레기 봉지 속에서

무지개가 피어올랐다

감옥 너머, 울 벽 담 너머 그곳에

불멸의 새 극락조가 산다는 전설을 들었다

내 탯줄을 묻은 터를 찾기까지

백 년이 걸린다* 거기

극락(極樂) 유토피아에 깃털이 있겠지

나도 성기에 깃털을 달고 싶다.

* 서정춘 「죽편」 변용

— 조삼현, 「극락(極樂), 극토록 즐거운 中 4」 전문

"깃털도 못 구했는데" 자유를 품을 수는 없는 노릇이다. "무량대수 분의 일로 축소하여/우주 조감도를 그리자/컨베이어

벨트가 되었다". 이 컨베이어 "벨트 위로 시간과 부속품이 쉼 없이" 올라왔다. 멈추지 않고 끊임없이 돌아가는 벨트 앞에서 "좌측 등 깜박이를 조립하는 동안의 당신"과 "출근과 퇴근 사이에 낀 사무원" 그리고 "비행 중인 승무원"은 자유를 누리고 있는 것일까. 아니면 감옥 안에 갇혀 있는 것일까.

컨베이어 벨트를 타고 쉼 없이 올라오는 부속품 앞에 선 사람이나 사무원, 비행기 승무원 역시 자유가 아닌 감옥 안에 있다. 자유를 향한 듯 보이나, 결국 자신을 옥죄이는 감옥 안에 있는 것이다. 아무리 '우주 조감도'를 그려본들 우주 안에서 자유로운 사람이 있을까. 자유는 타인에 의해서가 아닌 스스로 깨치고 나와야 찾을 수 있다. 내 마음 속 "시간을 분해해 감옥을 해체"하면 감옥 너머에서 무지개를 발견할 수 있을 것이다.

지금까지 조삼현 시인이 '불멸의 새 극락조'를 찾아 나서는 일련의 구도의 길을 찾고자 노력하였음을 살펴보았다. 우리 모두에게 주어진 총량의 생(生)은 몇 년일까. 결국 모든 것은 마음먹기에 따라 다른 상황을 만들어낸다. 자신의 마음 속 감옥을 해체하고 자유로운 몸으로 불멸의 극락조를 찾아 나서는 멀고도 험한 구도의 길. 자유에 대한 갈망 혹은 좋은 시를 찾아 헤매는 이 길 끝에는 분명 유토피아가 있을 것이다. 그리고 그 유토피아에 깃털이 있을 것이다.

종합하면, 「극락(極樂), 극토록 즐거운」에서 새는 '나'이기도 하고, '우리'이기도 하다. 종일 근무를 해야 하는 직장인이나 각자의 일터에서 종종거리며 일하는 현대인의 애환이기도 하면서 희망이기도 한 것이다. 그리고 깃털은 행복과 희망을 찾아가는 과정이라 할 수 있다. 조삼현 시인은 퇴직 전 교정직 공무원으로 일하였다. 따라서 감옥과 자유에 대한 깊은 사유는 어쩌면 당연한 것인지도 모른다. 감옥과 자유. 자유와 감옥. 이 둘은 굳게 세워진 물리적 벽이 아니라 시인의 마음에, 그리고 우리들의 마음에 있는 것이다.

사색과 깨달음의 시학
—임보론

사물과 일상을 바라보는 임보 시인의 시선은 고요하면서도 견고하다. 이 고요함에는 시인의 연륜과 경험이 내재되어 나타난다. 삶의 깊이와 연륜은 기교로 흉내낼 수 없다. 시인은 직접 경험해보고 깨달은 바를 절도 있는 언어를 통해 냉철하면서도 시의 본질을 놓치지 않고 이야기한다. 인간에 대한 깊이 있는 천착은 인간을 더 이롭게 살기 위한 방안을 제시하고, 자연에 대한 톺아보기를 통해 함께 공존하고자 한다.

고요한 사색의 시간

복잡한 삶을 살아가는 현대인에게는 사색이 필요하다. 깊은 사색을 통해 자신을 들여다보고 성찰하는 것이다. 성찰을 통해 자신뿐만 아니라 주위의 사물을 새롭게 보게 하고, 깊이 있는 생각을 하게 한다. 삶은 순탄하게 한 방향으로 흘러가는 것이 아니기 때문에 특히 현대인에게는 사색의 시간이 필요하다. 삶은 때로는 기쁨도 찾아오지만, 때로는 수많은 우여곡절이 찾아오기도 한다. 이러한 기쁨, 슬픔, 안타까움, 행복 등과 같은 감

정을 절제된 시의 언어로 형상화하는 것이 시이다. 임보 시인은
자신과 주위를 들여다보고 삶의 감정들을 진솔하게 들려준다.

　시인은 이러한 시를 쓸 때 아래의 시와 같이 스스로 자신을
'위리안치(圍籬安置)'한다.

　　　밖에 나갈 일이 없으니
　　　하루 종일 문이 닫혀 있다

　　　찾아오는 사람 없으니
　　　해 지도록 문을 열 일도 없다

　　　혼자서 시를 쓰다
　　　혼자서 흥얼거리다

　　　전화도 인터넷도 닫아놓고
　　　스스로 위리안치(圍籬安置) 중이다
　　　　　　　　　　　　　　　　—「두문(杜門)」 전문

　이 시 속의 화자는 두문(杜門)하고 있다. 두문(杜門)은 밖으로
나가지 않으려고 방문을 닫아 막은 것을 의미한다. 시인은 두문
하면서 적적하다고 느끼는 대신 고요하게 사색을 즐긴다. 시간
이 멈춰 있는 듯하지만, 실제 시간은 흘러가고 있고 사색을 통
해 시의 씨앗을 발아하는 중이다. "밖에 나갈 일이 없으니" 종일
문은 닫혀 있고, "찾아오는 사람"도 없으니 "문을 열 일도 없다".

시인은 "혼자서 시를 쓰다"가 "혼자서 흥얼거리"며 "스스로 위리안치(圍籬安置) 중이다". 물론 "전화도 인터넷도" 모두 닫아 놓은 상태이다.

위리안치는 죄인이 달아나지 못하도록 집 둘레에 탱자나무 가시로 울타리를 만들어 그 안에 가두는 것을 의미한다. 이 형벌은 중죄인에 대한 유배형에 해당한다. 그런데 시인은 죄를 지어 유배를 간 것이 아니라 스스로를 유배시키고 있다. 본디 유배는 불미스러운 일로 강압적인 행위이지만, 시인은 스스로 선택하여 자신을 유배시키고 있는 것이다. 여기에는 글을 쓰면서 스스로를 가두고 마지막 한 글자까지 최선을 다하겠다는 시인의 굳은 의지가 담겨 있다. 이는 곧 좋은 시를 쓰기 위한 시인의 시작(詩作) 방법이라 할 수 있겠다.

금방 저승에 온 사람들을 모아 놓고
염라대왕께서 이르시기를
한평생 가장 많이 생각하며 살아온 것이 뭣인지
한 단어로 적어 내라고 했다

어떤 녀석은 '돈'이라고 적고
어떤 녀석은 '여자'라고 적고
그런가 하면
'부모'라고 쓰는 자도 있고
'나라'라고 쓰는 자도 있다

그런데 괴죄죄한 한 녀석은
'시'라고 써놓고 멍청히 앉아 있다

적어낸 단어들을 가지고 심판을 하는데
무간지옥에 떨어질 놈은
'나라'라고 쓴 자다
그놈이 가장 큰 도둑이었다는 것이다

그리고 인간 세상으로 다시 쫓겨날 놈은
'시'라고 쓴 자라는데
이유인즉슨
아직 세상 물정 모르니 다시 익혀 오라는
'유급(留級)'이라지 않는가!

— 「유급(留級)」 전문

이 시는 인간 세상에서 진급하지 못하고 그대로 남아 있는 시인에 대한 이야기이다. 유급(留級)은 학교나 직장에서 진급을 하지 못하고 그대로 남아 있는 상태를 의미한다. 어느 날 "저승에 온 사람들을 모아 놓고" 염라대왕이 질문을 한다. 그 질문은 "한평생 가장 많이 생각하며 살아온 것이" 무엇인지 적어 내라는 것이다. 어떤 사람은 '돈'을 가장 많이 생각하였다고 대답했다. 또 다른 사람들은 '여자', '부모', '나라', '시'라고 다양한 대답을 내놓았다.

이 단어들을 가지고 염라대왕이 심판을 하는데, 그 심판이 너무나도 명확하고 위트가 있다. "무간지옥에 떨어질" "가장 큰 도둑"은 다름 아닌 "나라"라고 쓴 사람이다. 이 나라를 어떻게 내 마음대로 움직여 볼까를 가장 많이 생각하며 살아온 사람은 아마도 나라의 안위보다 자신의 안위를 더 생각하였을 것이니 어찌 가장 큰 도둑이 아니겠는가. "인간 세상으로 다시 쫓겨날" 사람은 '시'라고 쓴 사람이다. 그 이유 또한 재치가 있다. "아직 세상 물정 모르니 다시 익혀 오라는" 것이다. 시인이 "유급(留級)"된 이유가 바로 이 때문이다.

세상 물정은 세상이 돌아가는 상황과 형편을 의미한다. 세상 물정을 모른다는 것은 세상살이에 재빠르게 대응하지 못하는 순진무구한 사람을 의미한다. 시인은 돌아가는 세상일에 민첩하게 움직여 자신의 이익을 채우기에 둔감한 사람이다. 때문에 시인은 세상이 돌아가는 물질적 이치에 대해 다시 익혀 오라는 의미이다. 즉 이 시는 영혼이 맑은 세상 물정 모르는 시인에 대한 이야기를 들려주고 있는 셈이다.

시인의 책무는 손익계산을 따져 시시비비를 가리기보다는 낮은 곳에 먼저 시선이 닿고 그들을 바라봐주는 사람이다. 따뜻하고 정직한 마음으로 사회의 부조리한 현실을 바라보는 자다. 부조리한 현실을 극복하여 사람들에게 희망을 전하는 것이 시인의 소임이라 할 수 있겠다. 임보 시인은 이를 자처하여 시를 통해 사람들과 소통하여 따뜻함을 전달하고자 한다.

인간은 개인이 홀로 존재하고 있는 것처럼 보이지만, 홀로 살아갈 수 없는 존재이다. 끊임없이 타인과 관계를 맺으며 소통 속에서 살아간다. 태어나는 순간부터 가족과의 관계를 맺고, 성장하면서 친구, 학교, 회사와 같은 사회적 관계를 맺게 된다. 개인은 사회 속에서, 사회는 개인과 함께 서로 관계를 맺으며 살아가는 상호보완적 관계이다. 그런데 최근 이러한 사회를 지탱해주는 인구가 점점 감소하고 있다, 이는 우리나라 출산율이 낮아지고 있기 때문이다. 각박한 현실 속에서 결혼을 포기하거나, 설령 결혼을 하였다고 하더라도 출산에 대한 엄두를 내지 못하는 상황이다.

이러한 상황을 안타깝게 바라보는 시인의 시선은 「국력은 무엇인가?」를 통해 확인할 수 있다. 국력은 나라를 지키는 힘이다. 시인은 이 국력은 무엇인지 묻는다. 넓은 국토, 자원, 달러, 발전된 과학, 막강한 군대가 국력이 될 수는 없다. 국력은 "'사람의 입' 곧 인구(人口)가 얼마나 많으냐" 하는 것이다. "동네에서도 식구가 많은 집이 떵떵거리며" 지내고, "미국과 맞짱뜨는 중국도 인구의 힘 때문이다". 이 나라를 굳건하게 하기 위해서 "가장 큰 자산은 자손이다". "인력이 곧 국력"이기에 "많이 낳아 잘 길러야 한다"는 것이 시인의 생각이다. 나라가 굳건해야 국민들의 삶 또한 건강한 법이기 때문이다.

자연의 이치와 깨달음, 섭리

인간은 자연 앞에 나약한 존재이다. 인간은 자연의 섭리에 순응하고, 자연은 인간에게 삶의 터전을 제공하고 인간에게 필요한 것들을 제공해 준다. 즉 인간과 자연은 서로를 보듬어야 하는 공존의 관계인 셈이다. 과거 선조들은 자연을 공격의 대상이 아닌 보존의 대상으로 여겼다. 인간에게 필요한 깨끗한 공기와 아름다운 경치, 사람이 살아갈 수 있는 터전을 제공하였던 자연을 더불어 살아가는 존재라 인식하였던 것이다.

현대사회는 과학기술의 발달로 인해 자연이 변화하고 있다. 자연을 변화시켜 인간에게 이로운 새로운 환경을 만들고 있지만, 이러한 자연의 변화는 인간에게 또 다른 문제점을 제공한다. 중국에서는 하루에 1400회 이상의 번개가 치고, 홍수에 태풍 등 이상기후 현상으로 자연이 변화하고 있다. 이러한 자연의 변화는 생태계의 균형을 깨뜨리고, 생태계의 균형이 깨지면 그 피해는 다시 인간에게로 돌아온다. 이는 다음의 시를 통해 확인할 수 있다.

한때 지상을 누비던 거구 매머드는
지금 고고학 박물관에 뼈로만 남아 있다

손을 가진 인간들이 무기를 만들면서
세상을 주름잡는 권좌에 올라섰다

그 인간들이 불의 힘을 빌어
지상의 자연을 무너뜨리기 시작했다

산을 허물기도 하고 강을 막기도 하고
동식물의 종자를 개량하여 잡종을 만들기도 한다

이 고얀 놈들 가만둬서는 안 되겠다고
하늘이 진노하여 천상의 군병(軍兵)을 움직였다

눈에 보이지도 않는 작은 바이러스 균병(菌兵)들
인간의 몸만을 공격하여 육신을 파먹는…

지상의 영장이라고 오만하던 인간들
속수무책 넋을 놓고 한탄하고들 있다

강자는 힘이 센 덩치 큰 놈이 아니라
눈에 보이지도 않는 작은 놈들이라니…

최후의 심판은 이렇게 오고 있는가?
인류의 역사는 이렇게 막을 내리는가?

제왕도 장군도 신부도 스님도
하늘만 쳐다보며 한숨만 내쉬고 있다.

— 「천상의 군병들」 전문

바이러스가 전인류의 생활을 바꾸고 있다. 코로나19로 인해 정치·경제뿐만 아니라 사회·문화적으로도 많은 변화가 생겼다. 거의 6개월째 인간 대신 코로나19가 세상을 지배하면서 도처에서는 포스트 코로나라는 말도 생겨났다. 포스트 코로나는 '포스트(POST)'와 '코로나19'의 합성어로, 코로나19가 지나간 후에 다가올 새로운 시대를 의미한다. 사람과 사람이 마주하지 않는 언택트 문화와 재택근무, 온라인 수업과 같은 단어들이 점점 자연스러워지고 있다.

　위의 시는 이러한 코로나19에 대한 이야기를 하고 있다. 그리고 제어력 없이 무분별하게 날뛰었던 인간을 꾸짖는다. 인간이 위대하다는 설법은 결국 하늘을 진노하게 만들었고, 인간은 바이러스 앞에 한낱 나약한 존재에 불과하다는 것을 여실히 보여주고 있다.

　현재는 박물관에서 화석으로만 볼 수 있지만 한때 지상은 매머드의 차지였다. 어느 순간 "손을 가진 인간들이" 매머드 대신 "세상을 주름잡는 권좌에 올라섰다". 인간은 손을 사용하여 "불"을 만들고, "산을 허물기도 하고 강을 막기도 하고" 심지어는 "동식물의 종자를 개량하여 잡종을 만들기도" 하였다. 인간이 스스로의 손으로 "자연을 무너뜨리기 시작"한 것이다. 이에 진노한 하늘이 "천상의 군병(軍兵)을 움직였다". "눈에 보이지도 않는 작은 바이러스"를 통해 "인간의 몸만을 공격"한 것이다. 그동안 지구상에서 제일이라고 "오만하던 인간들"은 "속수무책 넋을 놓고 한탄"만 할 뿐, "제왕도 장군도 신부도 스님도" 작은 바이러스 앞에서 무릎을 꿇고 만다. "한숨만 내쉬"는 이러한 상황에 대해 시인은 안타까운 마음을 느낌과 동시에 사람들에게 경각심을 일깨워주고자 한다.

이러한 인간군림을 향한 야단은 「오십보백보」에서도 이어진다. "우쭐대는 사람들"도 결국은 "개미요, 올갱이"다. "눈이 작은 개미는 큰 산을 못 보고/개울 속 올갱이는 큰 바다를 모른다". 우물 안 개구리인 것이다. 개미도 올갱이도 모두 오십보백보라는 의미이다. 결국 지상인 세상을 휘어잡고 있는 것은 이러한 사람이 아닌 "태양"(「태풍」)이다. 태양은 "바람을 일으키는 주체"이다. 이 바람이 일어나면 "태풍에 나무가 뽑히고 지붕이 날아간다". 때문에 사람들은 "바람이 참 무섭다고들" 하는 것이다. 자연의 섭리를 그대로 따른다면 무서울 것도 두려울 것도 없다. 강제로 강을 막고, 매립하는 등 자연의 섭리를 거스르기 때문에 문제가 발생하는 것이다.

꿀벌의 집에서 추출해낸 것으로
항균의 작용이 뛰어난 물질로 알려져 있다

벌들이 그들의 새끼와 식량을
균이나 미생물들로부터 보호하기 위해
나무껍질에서 추출해 만들어낸 것이란다

요즘엔 사람들이
벌들이 만들어 놓은 이 프로폴리스를 훔쳐와
항생제 치료약으로 쓰고 있다

도대체 그 벌들이 어떻게
그런 신약을 만들 줄 알았을까?

의과대학도 제약회사도 없는 그들이
어떻게 그런 묘약을 만들 줄 알았을까?

—「프로폴리스」전문

프로폴리스는 벌집에서 추출되는 성분이다. 꿀벌이 나무에서 모은 수액과 꽃에서 모은 꽃가루에 꿀벌 자신의 분비물을 이용하여 만든 물질이다. 『동의보감』을 살펴보면 이 벌집을 사용하여 종기를 제거하였고, 잉카에서는 해열제로 사용했다고도 한다. 고대 이집트에서 프로폴리스는 미라의 부패를 막는 데 사용했다고 전한다. 프로폴리스의 어원은 그리스어에서 유래되었다. '앞'을 뜻하는 '프로(pro)'와 '도시'를 뜻하는 '폴리스(polis)'가 합쳐진 말이다. 이 어원을 따라가면 도시 앞에서 도시를 지켜준다는 의미이다. 이는 곧 비 피해나 추위로부터 벌집을 보호하기 위해 벌통 앞에서 꿀벌의 생명을 지켜준다는 의미를 나타내기도 한다.

벌은 혼자 가는 것이 아니라 다른 벌과 함께 가고자 한다. 사람처럼 남들보다 먼저 한 발 앞서가려고 촌각을 다투지 않고 자연의 이치와 섭리를 그대로 따라간다. 인간도 벌과 같다면 삶에 해를 가하는 일은 없을 것이다. 조금 더 얻기 위한 인간의 이기적인 탐욕이 지구가 돌아가는 중심을 기우뚱하게 만든 것이다.

사람도 아닌 벌들은 도대체 어떻게 이러한 "묘약을 만들 줄 알았을까?". 이는 자연의 이치를 그대로 따랐기에 가능한 일이다. 가공하거나 무엇인가를 첨가하지 않고 있는 그대로를 받아들였기 때문에 알 수 없는 바이러스와 사투하지 않아도 되었던 것이다. 인간도 자연의 이치를 그대로 따랐더라면 "벌들이 만들어 놓은 이 프로폴리스를 훔쳐와/항생제 치료약으로" 사용하지 않아도 됐을 것이다. 시인은 있는 그대로의 자연을 받아들이는 것이 현명함을 시를 통해 보여주고 있다.

임보 시인의 시에는 고요한 사색의 시간이 그대로 발현되고 있다. 시인은 작위적이거나 화려한 시어를 통해 막연한 기대를 보여주는 것이 아니라, 직접 경험을 바탕으로 인생과 자연의 현상을 표현한다. 이는 임보 시인의 삶이 생활과 밀착되어 있다는 것을 의미한다. 임보 시인은 어느 한쪽으로 치우지지 않고 외면과 내면이 일치하는 튼튼한 희망적 삶을 보여주고 있다. 본디 시인은 인생뿐만 아니라 자연의 현상에 대해서도 깊이 천착하여 운율이 있는 언어로 형상화하여 보여주는 존재들이다. 시인은 우리의 삶 속에서 사람과 사람과의 공존을 생각하게 하고, 자연의 이치를 되돌아보게 하고 있다.

제2부

사람과 사람, 우리의 이야기
—배창환, 길상호론

시는 사람이 살아가는 이야기이다. 과거를 돌아보고 현재를 이야기하며, 현재를 통해 미래의 희망에 대해 끊임없이 갈구한다. 시인은 주위를 살펴보고 일상의 생활에서 누구나 느낄 수 있는 보편적인 감정을 정제된 언어 즉, 시의 언어로 표현한다. 때문에 시인의 눈은 보다 더 첨예하여야 함은 자명하다. 여기 배창환 시인과 길상호 시인이 그러하다. 우리가 살아가는 이야기와 동식물 및 자연을 응대하는 시인들의 시선이 예리하면서도 따뜻하게 그려지고 있다.

사람과 사람

배창환 시인의 『별들의 고향을 다녀오다』에는 시인의 선한 품성이 그대로 드러난다. 본디 한 개인의 고유한 성품은 시에서 발현되기 마련이다. 시를 들여다보고 시를 이야기하는 시인의 시선에서 사람과 사람을 들여다보는 고운 품성이 그대로 전해진다. 배창환 시인은 삶의 주변부를 들여다보고 그들이 살아가는 소소한 이야기를 전한다. 더불어 별이 된 사람들과 그들이

살아가는 방식, 그리고 그들이 지향하는 함께 하고자 하는 마음
이 시집 곳곳에 스며 있다.

> 가난하지 않기 위하여
> 큰 꽃은 큰 꽃을 달고
> 작은 꽃은 늦가을에 죽을힘 다하여
> 작은 꽃이라도 피워 올린다
>
> 가난하지 않기 위하여
> 큰 사람은 큰 사람으로 살고
> 작은 사람은 젖 먹던 힘 다하여
> 아이도 낳고 돈도 벌면서
> 처마에 작은 연등 하나라도 애써 밝힌다
>
> 어떤 이는 돈을 남기고
> 어떤 이는 남부럽지 않을 자식을 남기지만
> 또 어떤 이는 가슴에 그늘 깊은 나무를 심고
> 따뜻한 시를 남기고, 뒷사람이 찾아 밟을
> 눈길 위에 곧은 발자국을 남긴다
> 해 뜨면 곧 녹아 사라져 없어질지라도
>
> 가난하지 않기 위하여
> 가난한 이들은 어둔 밤 귀갓길 골목 어귀에
> 낯익은 별무리 찾아 띄워 길을 밝히고
> 키 낮은 담장 아래 볕살 닿는 자리마다

시간의 긴 터널 건너온 여문 꽃씨를 뿌려 거둔다

―「가난하지 않기 위하여」 전문

　가난을 느끼는 것은 상대적이나 대부분의 사람들은 스스로가 가난하다고 생각한다. 가난으로부터 벗어나기 위해 늘 안간힘을 쓰지만 아이러니하게도 쉽게 벗어날 수 없다. 물질적인 빈곤보다 더 큰 문제는 정신적인 빈곤이다. 정신적으로 풍요로운 삶이 더 값진 삶일 것이나 많은 이들은 이를 망각한 채 살아간다. 물질이 정신을 앞서는 상황에 직면해 있는 것이다. 물질적 풍요와 빈곤이 수직의 관계가 아니라 수평의 관계라면 더할 나위 없이 좋겠지만 이는 경쟁사회에서 풀어나가야 하는 여전한 과제로 남아 있다.

　물질적 풍요로움을 과시하며 살아가는 사람보다 "가슴에 그늘 깊은 나무를 심고/따뜻한 시를 남기고, 뒷사람이 찾아 밟을/눈길 위에 곧은 발자국을" 남기는 사람이 진정 심장까지 부유한 사람일 것이다. 더 이상 "가난하지 않기 위하여" 사람들은 오늘도 "작은 꽃이라도 피워 올"리고, "어둔 밤 귀갓길 골목 어귀에/낯익은 별무리 찾아 띄워 길을" 밝혀놓는다. "키 낮은 담장 아래 볕살 닿는 자리"에는 "여문 꽃씨를 뿌려"두기도 한다. 이때의 '꽃씨'는 그냥 꽃씨가 아니라 잘 '여문' 꽃씨이다. 단단하게 잘 익은 꽃씨는 언젠가 활짝 만개하여 많은 사람들에게 희망을 전해 줄 것이다.

또한 시인은 시를 통해 사람들을 소환한다. 시인에게 호명되어 소환되는 사람들은 역사의 한 축을 담당하였던 사람들이다. 「벌써 가을―젊은 날의 백석을 생각하며」에서는 젊은 날의 백석 시인을 생각하며 문익환 목사와 이목 선생을 호명하고, 「빌뱅이언덕 도깨비 이야기」를 통해서는 권정생 선생을 생각한다. 이 외에도 「동주의 우물」, 「어떤 나무―이목 선생님께」, 「소례리 길―김종림 선생 묘비에 와서」 등이 그러하다. 표제작이기도 한 「별들의 고향을 다녀오다」에는 정지용 시인과 오장환 시인, 단재 선생이 오롯하게 담겨 있다.

> 우리는 그 옛날, 한 발짝 앞을 볼 수 없었던 칠흑 어둠에 길을 내고 슬픈 사람들의 가슴에 따뜻한 빛을 얹어 준 별들의 고향에 다녀왔습니다. 그들은 시대보다 먼저 시대를 끌어안아 스스로 상처 입은 별들이었습니다. 우리가 오늘 무수히 상처 입은 별인 것처럼, 그래서 더 오래 우리 곁에 남아 이 땅의 밤하늘을 차지하게 될, 크고 아름다운 별들이었습니다
>
> ―「별들의 고향을 다녀오다」 부분

표제작이기도 한 「별들의 고향을 다녀오다」에서 별은 상징적 의미를 가지고 있다. 별은 하늘에서 반짝이는 천체이기도 하지만 지난 우리 역사에서 중추적인 역할을 하였던 사람들을 뜻하기도 한다. "한 시대의 거울이었던 시인으로서 이름 석 자마저 묻어야 했던 오욕의 시간"을 견딘 정지용 시인, "역사의 진보를 믿었던, 그래서 그 시절 이 땅에선 살 수 없었던" 오장환 시

인, "나라 잃고 넘은 국경 다시 밟아 한 줌 재로 돌아오시던" 단재 선생이 그들이다.

이들은 칠흑 같은 어둠 속에서도 "길을 내고 슬픈 사람들의 가슴에 따뜻한 빛을 얹어 준 별들"이다. "시대보다 먼저 시대를 끌어안아 스스로 상처 입은" 사람들인 것이다. 오늘날 우리가 살아갈 수 있는 것은 이 별들이 존재하기 때문이다. "크고 아름다운 별들"이 있었기에 가능한 것이다. 배창환 시인은 별이 된 사람들이 들려준 별의 언어로 한 글자 한 글자 적어 내려간다. 올곧은 역사의 길을 위하여 말이다.

시인이 고난에 처했을 때도 이와 같은 "별 같은 사람들이"(「밤길」) 있었기에 일어날 수 있었다. 이때의 별은 시인을 지지해주는 삶의 동반자일 수도 있고, 먼저 길을 내어주었던 정지용 시인, 오장환 시인, 단재 선생 등일 수도 있다. 중요한 것은 시인을 일으켜 세운 그들이 있기에 지금이 시인이 존재한다는 것이다. "길 찾는 이에게 길은 앞으로만 이어질 뿐/돌아가는 길은 언제나 보이지"(「밤길」) 않지만, 나 혼자가 아닌 이와 같이 우리 함께라면 어떤 고난이 닥치더라도 헤쳐나올 수 있다.

1, 2부가 함께 하는 삶에 대해 이야기하였다면 3부에서는 교육자로서의 지극한 면모가 담겨 있다. 평교사로 교단을 졸업하는 날 오랜 제자들이 보내온 하얀 백설기. 그 위에 새겨진 "위대한 평교사, 선생님의 퇴임을 축하드립니다!"(「백설기」)라는 문구가 가슴을 뭉클하게 한다. "여고생 제자에게서 받은 시 액

자"(「함께 쓴 시」)와 한라산으로 하이킹을 간 제자들에게 걸려온 전화(「순간 이동」)가 모두 한 편의 시가 되어 마음 따뜻하게 전해진다. 이 외에도 「이 시대의 교실 풍경」, 「빼앗긴 아침」, 「아이들이 날아온다!」 등에는 안타까운 실제 교육현장의 모습도 담겨 있고, 아이들을 바라보는 따뜻한 시인의 시선도 담겨 있다. 3부에서는 시인의 강직한 교육관과 아이들을 바라보는 애정 어린 시선을 확인할 수 있다.

4부에서 시인의 시선은 주변으로 옮겨간다. "시집을, 피나는 노동의 대가라며 절대로 그냥 받을 수 없다면서, 꼬깃꼬깃 구겨진 돈 일만 원을 기어이"(「손」) 시인에게 쥐어주었다는 목수와 "간판 없어도 찾는 사람은 잘 찾는/쩡쩡한 팔십 노인"(「할매해장국집」)이 운영하는 할매해장국집에는 우리의 일상에서 마주할 수 있는 이야기들이 담겨 있다. 뿐만 아니라 「분이 이야기」, 「노실고개 포장마차」, 「햅쌀 한 자루」에서도 사람살이의 소소한 이야기가 담겨 있다.

"세상은 혼자 열 걸음이 아니라/열 사람이 한 걸음 가는 길"(「아름다운 사람, 박영균 동지(同志)가 학교를 떠나는 날」)이라는 것을 시인은 잘 알고 있다. 혼자 가는 길보다 여럿이 손을 맞잡고 함께 나아가는 길이 더 값진 것이라는 것을 말이다. "사람은, 사람으로 살기 위하여/사람 세상을 걸음걸음 열어 딛고 가는 것이다"(「불-꽃 서울, 2016년 11월 12일」). 종내에 시인은 "저 파릇파릇한 빛, 풀빛!"(「사라지지 못하는 것」)을 발견한다. 이는 그래도 희망은 있다는 것을 뜻한다. 절망 끝에 오는 희망을 단단히 붙잡고자 한다.

우리의 이야기

길상호 시인의『오늘의 이야기는 끝이 났어요 내일 이야기는 내일 하기로 해요』는 '어머니', '아버지', '고양이'의 이미지가 주를 이루고 있다. 지금의 자신을 존재하게 해준 부모님과 시인의 삶의 동반자인 세 마리의 고양이, 그리고 세상으로부터 버림받은 고양이 즉 길냥이들이 모여 편편의 시를 이루고 있다. 이들이 살아가는 이야기는 곧 오늘을 살아가는 우리의 이야기이기도 하다. 좀 특별하다면 거리의 고양이를 바라보는 시인의 시선에 첨예하면서도 따뜻하고 안타까운 마음이 가득 담겨 있다는 점이다. 사실 길상호 시인은 '물어'와 '운문', '산문'의 아빠이기도 하다. 시인은 세 마리의 고양이 식구와 함께 칩거하고 있다. 그렇기에 고양이에 대한 시인의 마음은 더욱 남다를 수밖에 없을 것이다.

트럭에 치인 새끼 목덜미를 물고 와
모래 구덩이에 눕혀놓고서

어미 고양이가 할 수 있는 건 오래 핥아대는 일

빛바랜 혀를 꺼내서
털에 배어든 핏물을 닦아낼 때

노을은 죽은 피처럼 굳어가고 있었네

핥으면서 꺼진 숨을 맛보았을 혀,
닦으면서 붉은 눈물을 삼켰을 혀,

어미는 새끼를 묻어놓고 어디에다 또
야옹, 옹관묘 같은 울음을 내려놓을까

은행나무가 수의로 바닥을 곱게 덮어놓았네

―「혀로 염하다」 전문

   어느 날 새끼 고양이가 트럭에 치이는 사건이 발생하였다. 아
마도 새끼는 그 자리에서 어린 목숨을 잃었을 것이다. 새끼를
"모래 구덩이에 눕혀놓고서//어미 고양이가 할 수 있는 건 오
래 핥아대는 일"뿐이다. 이러한 의식이 진행되는 시각은 노을
이 지고 있을 무렵이다. 이 "노을은 죽은 피처럼 굳어가고"만 있
다. 어미는 "빛바랜 혀"로 새끼를 "핥으면서 꺼진 숨을 맛보"고,
"붉은 눈물을" 삼킬 뿐이다. 새끼를 잃은 어미의 심정은 이루 말
할 수 없을 것이다. 여기에 "은행나무가 수의로 바닥을 곱게 덮
어놓았"다. '핏물→노을→죽은 피→붉은 눈물→은행나무'로
이어지는 시각적 효과와 "야옹, 옹관묘 같은 울음" 즉, 청각적

효과가 더하여져 시를 더 슬프고 아프게 한다.

염을 한다는 것은 죽은 사람의 몸을 씻긴 뒤에 수의로 갈아입힌 다음 염포로 묶는 것을 뜻한다. 이는 사람에게만 해당하는 것이 아니라는 것을 이 시를 통해 확인할 수 있다. 고양이도 자신의 새끼를 위해 혀로 염을 한 것이다. 새끼를 잃은 어미의 지극한 모성은 사람뿐만 아니라 동물도 마찬가지이다. 서로가 서로를 핥아가며 오래오래 따뜻하게 지냈으면 하는 생각은 생각으로만 남게 되었다. 이를 지켜보는 시인의 안타까운 마음이 고스란히 전해진다.

이 외에도 골목이 지워버린 "다리 절던 고양이, 삼색이"(「당신을 환영합니다」)와 다 찢어진 비닐하우스에 "새끼 고양이 네 마리를 낳아놓고"(「민들레」) 오지 않는 어미 고양이도 시 속에 등장한다. 이러한 고양이를 생각하는 시인의 안타까운 시선과 더불어 사랑스러운 시선도 엿볼 수 있다. 길상호 시인의 시에서는 심지어 눈도 "야옹 야아옹"(「야옹야옹 쌓이는」) 쌓이고, 빗방울도 "야/아/옹"(「빗방울이 야옹」) 떨어진다. 이 고양이들은 책을 펼치면 "줄무늬를 맞추며 행마다 들어와 앉았다"(「숨은 야옹이 찾기」) 가기도 한다. 사실 이러한 고양이와의 칩거는 길상호 시인의 일상 그 자체일 것이다.

고양이뿐만 아니라 어머니에 대한 이야기도 곳곳에 등장한다. 「따순 밥」에서는 어머니의 무덤을 '고봉 밥'으로 비유하고 있다. "살면서 따순 밥이 그리워질 때/언제고 다시 찾아오라는"어머니의 집은 현재 "고봉으로 잔디가 덮여 있"다. 어머니에 대한 애잔한 마음이 시를 통해 읽는 이에게도 고스란히 전해진다. 이 외에도 바지의 "얇아진 무릎을 덧대던"(「둥근 발」) 어머니의 모습에서는 한없는 애처로움이 느껴진다. 어느 날 엄마에게 꽃 이름을 묻다가 "엄마는 무슨 꽃이야?"(「꽃 이름을 물었네」)라고 묻는 시인은 뒤늦게서야 엄마는 "다 시든 꽃"이라는 것을 깨닫는다. 시들어버렸지만 엄마라는 꽃은 세상에 단 하나뿐인 유일한 내 편의 꽃이자 그 무엇으로도 대신할 수 없는 꽃이다.

시인은 시를 통해 아버지에 대한 단상도 풀어놓는다. "꼬리를 끊고 달아난 도마뱀"을 통해 아버지를 기억한다. 아버지가 시인의 곁을 떠난 후 "남겨진 꼬리" 같은 날들을 보냈던 시인은 "몸을 뒤틀며 우는 날이 많아졌"지만 "사진 속에서 아직 편안하게 웃고"(「꼬리」) 있는 아버지를 보고 마음을 쓸어내린다. "흙으로 돌려보"(「모과와 지난 밤」)낸 아버지의 향기는 지금도 시인에게 짙게 스며 있다. 이러한 "아버지의 말을 다시 받아보려"(「닮은 사람」)는 시인의 마음이 담담하게 그려진다.

다음의 시 「장조림」에는 이번 시집의 제목이 담겨 있다. 고양이, 어머니, 아버지 외에도 시인은 인간의 삶을 들여다보고자 한다. 장조림이 되어가는 과정과 우리의 삶이 결부되어 시에 잘 드러나고 있다.

오늘의 이야기는 끝이 났어요
내일의 이야기는 내일 하기로 해요

스위치를 끄면 어둠이 고여 드는 방,
밤은 적당히 짜고 달고 매콤하고

얽힌 손길에 더는 곰팡이가 피지 않도록
지금은 저 방에 나란히 갇혀야 해요

배꼽 속 지루한 인연이 모두 우러나오고
눈에 담긴 통증도 흐물흐물 풀리면

액자 속 다정했던 시절로 우리
찰칵 찰칵 다시 돌아갈 수 있을지 몰라요

방 안 가득했던 어둠이 졸아들면
정수리에 모여든 쓸쓸한 거품을 걷어주면서

이제 어떤 말에도 쉽게 상처받지 않는
짭조름한 심장을 갖고 살기로 해요

한없이 뒤척이게 되더라도 그건
서로가 서로에게 배어들기 위한 일,

검은 밤이 너무 일찍 끝나버리면 안 되니까
심장의 불꽃을 중불로 내려주세요

—「장조림」 전문

이 시는 하나의 냄비 속에 담긴 여러 가지의 식재료가 보글보글 장조림이 되어가는 과정을 인간의 삶에 빗대어 이야기하고 있다. 우리의 삶도 세계라는 거대한 테두리 안에서 각각의 개성 있는 사람들이 한데 모여 어우러져 살아가고 있다. 이 어우러짐에는 미묘하고 복잡한 마음이 담겨 있을 것이다. '냄비=세계', '식재료=각각의 사람들', 「장조림」이라는 시=사람살이의 모습'이라는 공식이 성립된다고 할 수 있겠다.

"스위치를 끄면 어둠이 고여"든다. 냄비의 뚜껑을 닫으면 깜깜해지는 것은 당연한 이치이다. 냄비 속의 밤은 "적당히 짜고 달고 매콤"하다. 이는 곧 기쁨과 슬픔이 함께 공존하는 우리의 삶과도 연결된다. 장조림이 되기 위한 식재료가 처음부터 상처받은 존재들은 아니었을 것이다. 인간의 삶도 그러하다. 처음부터 상처에 익숙한 사람은 없다. 분명 "액자 속 다정했던 시절"이 한때는 존재하였을 것이다.

"지루한 인연이 모두" 지나가고 "눈에 담긴 통증도 흐물흐물 풀리면" 예전으로 "다시 돌아갈 수" 있을까. "방 안 가득했던 어둠이 졸아들면/정수리에 모여든 쓸쓸한 거품을 걷어주면서" 나에게 돌아오는 상처를 두려워하지 않고 겸허히 받아들일 수 있을까. 아픈 시간을 견디다 보면 언젠가는 "어떤 말에도 쉽게 상처받지 않는/짭조름한 심장을" 갖게 될 것이다. 이러한 심장을 갖게 되기까지 "한없이 뒤척이"는 힘든 시간을 거쳤음은 자명하다. 이 뒤척임이 "서로가 서로에게 배어들기 위한 일"일지라도 말이다.

여기서 끝이 아니다. 이때 세심한 주의가 필요하다. "검은 밤이 너무 일찍 끝나버리면 안 되니까/심장의 불꽃을 중불로 내려주"어야 한다. 너무 약하지도 강하지도 않게 말이다. 실제 삶에서도 어느 방향으로도 치우침 없이 평정심을 유지하는 것이 중요할 것이다. 우리 삶의 이야기가 장조림이 되어가는 레시피와 함께 정제된 시어를 통해 나타나고 있다.

삶의 주변을 들여다보는 일은 지극한 정성을 필요로 한다. 사물의 마음이 되어보지 않고서는, 타인의 시선이 되어보지 않고서는 혜안의 눈을 가졌다고 할 수 없을 것이다. 배창환 시인과 길상호 시인은 세상의 사람과 사물, 동식물 그리고 그 속에 담긴 소소한 풍경들을 정성껏 살핀다. 이 살핌이 담담하고도 진중한 울림이 되어 시로 드러난다. 삶의 주변을 살피는 이들의 따뜻한 시선이 있기에 오늘 우리들의 이야기를 시로 전할 수 있는 것이다.

경건한 삶의 언어
―함순례, 유준화론

혜안의 시간과 배려

현대 사회는 다매체의 시대이다. 현대인들은 이에 맞추어 여러 가지 영상매체와 어우러져 살아가고 있다. 시가 언어예술이라면 사진은 영상예술이다. 여기 시와 사진의 만남이 있다. 언어와 영상이 하나의 텍스트를 이루고 있는 함순례 시인의 시집 『울컥』이 그것이다. 이 시집은 각각의 시편마다 함께 하는 사진이 시를 읽는 즐거움을 더해 준다. 『울컥』은 『뜨거운 발』, 『혹시나』, 『나는 당신이 말할 수 없는 것을 말하고』 이후 함순례의 네 번째 시집으로 짧은 시편들로 구성되어 있다. 짧은 시편이지만 삶에 대한 깊이 있는 성찰이 엿보인다.

마흔이 갓 넘어 사용하게 된 돋보기는 시인에게 "맑지도 가볍지도 않았다". 다만 돋보기로 인하여 "할 것과 하지 말아야 할 것"들이 시인에게 "조금씩 보이기 시작"(「노안」)하였다고 담담하게 토로한다. 이 돋보기가 가져다준 세상에서 시인은 "깨끗한 몸으로/가슴 뜨거운 사람으로 다시 태어"(「나에게 묻는다」)난다면 무엇을 적을 것인지, 무엇을 쓸 것인지 스스로에게 진지하게 물으며 지나간 시간을 돌아본다. 자신과 대면하여 마련한 성찰의 시간. 이 성찰은 시인에게 삶과 사물을 들여다보는 혜안을 가져다주었다.

> 강물이 흐느끼는 소리
> 파란만장하게 스며드는
> 신성리 갈대밭
>
> 노랑어리연, 나비처럼 날고 있다
> 그 꽃 하도 이뻐
> 그 물웅덩이 하도 가벼워
>
> 세찬 바람도
> 잠시 숨 고르는 사이
> 그 사이
>
> ─「울컥」전문

　이 시의 화자이기도 한 시인은 신성리 갈대밭에서 조용히 갈대를 응시하고 있다. "강물이 흐느끼는 소리"가 갈대밭 사이로 "파란만장하게 스며"들고, 그 곁에는 노랑어리연이 "나비처럼 날고 있다". 노랑어리연꽃이 "하도 이뻐"서, 노랑어리연꽃이 뿌리 내리고 있는 "물웅덩이 하도 가벼워"서 세차게 불던 바람도 잠시 숨을 고른다. "그 사이" 시인과 우리의 삶이 있고, 시인은 '울컥'하는 감정을 느낀다. 이는 기쁨과 행복, 슬픔과 파란만장한 시간 등의 모든 감정이 총체화되어 스쳐 지나갔기 때문일 것이다.

기쁨과 행복이 주는 긍정의 시너지와 슬픔이 함께 하는 위안은 어느 것이 더 크고 작은 것이 아니라 서로 같은 비중을 차지한다. 기쁨과 행복은 앞으로 나아가는 원동력이 되고, 슬픔은 자신을 더 성장시키는 계기가 되기도 하기 때문이다. 이와 같이 기쁜 일이 생기거나 혹은 슬픈 일과 맞닥뜨릴 때 '울컥'하는 마음이 생긴다. 살아가면서 '울컥' 하는 일은 누구나 겪어 보았을 감정이다. '울컥'이라는 부사가 주는 울림이 시인으로 하여금 생생하게 전해져 온다.

뿐만 아니라 갈대가 가지고 있는 속성을 인간의 삶에 빗대어 이야기하기도 한다. 갈대는 줄기에 마디가 있고 속은 비어 있다. 또한 갈대는 뿌리에서 또 다른 새로운 갈대를 키우기 때문에 뿌리가 단단하다. 바람이 강하게 불어 심하게 흔들리더라도 쉽게 꺾이지 않는 이유는 이 때문이다. 인간이란 존재는 꺾이고 부러지며 살아가기 마련이다. 하지만 이처럼 뿌리가 단단하다면 쉽게 꺾이지 않을 것이다. 어쩌면 시인이 말하고자 하는 것도 이와 같으리라. 뿌리의 힘이 존재하기 때문에 갈대밭은 "강물이 흐느끼는 소리"가 "파란만장하게 스며"들어도 "세찬 바람"이 숨을 고르고 쉬어갈 수 있는 것이다.

   날 잡아 칼을 갈았다

무뎌진 날들이 숫물에 배어 흘러내렸다

주기적으로 갈아야 한다지만

선득한 날이 싫어

좀체로 칼 갈지 않고 살았다

그냥 살아야지, 하고

작정하자마자 금세 예리해진 칼날

그 기운에 움찔했던가

바로 손가락을 베이고 말았다

다행이다

내가 먼저 베었다

—「다행이다」 전문

시인은 타인의 삶을 배려하는 마음도 가지고 있다. 시인은 "선득한 날이 싫어" 그동안 "좀체로 칼 갈지 않고 살았다". 여기에서 칼을 간다는 것은 마음을 강하게 먹었다는 것을 의미한다. 강한 마음을 선택하는 것은 어쩌면 현대인으로 살아가기 위한 필수조건일지도 모른다. 하지만 시인은 칼을 갈아 다른 사람을 베는 것보다 차라리 자신이 베이는 쪽을 택할 만큼 선한 마음을 가지고 있다.

남을 베려는 마음에 내가 먼저 다치기도 하지만, 설령 남을 베었다고 하더라도 그 마음이 어디 편하겠는가. "그냥 살아야지, 하고/작정하자마자 금세 예리해진 칼날"에 자신의 손가락이 베인 걸 오히려 "다행이다"라고 말한다. 남을 다치게 하지 않았으므로 다행이라는 것이다. 천상 시인인 함순례 시인은 이처럼 누군가에게 상처를 주는 삶도, 폐를 끼치는 삶도 지양한다.

더불어 욕심이 없는 모두가 함께 하는 상생의 삶을 추구한다. 어느 봄날 "봄빛 청청한 숲에 들어 호젓이 걷던 중" "그만 그 근처 머위잎, 산달래 욕심껏 따고 캐고 말았다". 시인은 자신의 욕심으로 인해 "산그늘 연한 풀꽃들 아슬아슬 가슴을 쓸어내렸을 것"(「반성」)이라고 고 여린 것들에게 미안해하며 반성한다. "물 속을 바라보고 있는" 시인은 "물인 듯 바람인 듯/잠시 다녀가는 사람"(「파문」)일 뿐인 것이다.

시인은 시대의 아픔도 그냥 지나치지 못한다. 상처를 지우지 못하고 기억하며 함께 아파하는 방편을 선택한다. "선하게 반짝였다가/아스라이 멀어지는 별빛들이 눈물"겨워 "오래오래 아프게 간직"(「4월」)하겠다고 말하는 사람이 바로 시인이다. 어지러운 세상에서 살아가야 함을 안타까워하며 "세상이 이런데 울지 않고 배기냐!"(「눈물―박용래와 김용재 시인의 소담(笑談)」)며 마음 아파 한다. 그럼에도 불구하고 살아가는 게 또 우리네 인생이고, 모두가 각각의 자리에서 오늘도 열심히 살아가고 있다. 그래서 시인도 "누군가에게/이 말을 간절히 들려주고" 싶었다고 한다. 어지러운 세상이지만 "나 잘 있어/살 만해!"(「진눈깨비 오는 날」)라고 말이다.

시가 사진에 머무는지, 사진이 시에 머무는지 그 경계의 지점은 중요하지 않다. 시는 시대로 사진은 사진대로 의미가 파장을 일으키기 때문이다. 함순례 시인의 언어는 삶에서 길어올려진 언어들이다. 이방인의 언어가 아니라 경건한 체험과 혜안의 시간을 통해 이루어진 언어들인 것이다. 이 언어들이 무채색의 사진과 함께 어우러져 더욱 깊은 의미를 창출하며 삶을 보듬고 있다.

애틋하고 경건한 사유

2003년《불교문예》로 등단한 유준화 시인은 충남 공주 출신으로 공주시에서 오랜 시간 공직생활을 하였다.『어린왕자가 준 초록색 공』은『초저녁 빗소리 울안에 서성대는 밤』(들꽃, 2004),『네가 웃으면 나도 웃는다』(지혜, 2017)에 이은 세 번째 시집이다. 정년 퇴임 이후 3년간 계룡산 절에서 생활을 한 바 있다고 한다. 이러한 이유에서인지 유준화 시인의 시집에는 삶을 들여다보는 경건한 사유가 엿보인다.

> 살구꽃들이 경전을 펼치자
> 살구꽃 무더기 그 흐벅진 속살을 헤치고
> 벌들이 무아지경으로 경을 읽는다
> 수만 마리 벌들이 읽는 화음의 진동
> 그 화음은 봄을 기르는 생명의 법어이다
> 경은 혼자 읽는 것이 아니라
> 우주의 섭리 속에 조화를 이루는 것
> 경전을 암송하는 벌들의 화음은

끊임없이 이어질 것이다
땀방울과 사랑으로 가득한 성전에서는
미세먼지 가득한 하늘도 두렵지 않다
바람도 살구꽃들의 장삼 자락을
고요히 흔들고 경전을 음미한다

살구나무 한 그루가
분홍색 범종을 하루 종일 치고 있다

—「살구꽃 경전」전문

   시인은 자연물을 통해 삶의 진리를 읽어낸다. 이 시는 '살구
꽃'이라는 자연물과 '경전'을 접목시켜 이야기하고 있다. 경전
은 종교의 교리를 적은 것으로 성현들의 가르침이 담긴 책이다.
'살구꽃→경전→벌→경→화음→생명의 법어→우주의 섭리→
범종'으로 이어지는 이미지가 자연스럽게 펼쳐진다. 살구나무
꽃을 통해 사람살이를 통찰하고 있는 시인의 섬세한 시선이 형
상화되어 나타나고 있다.
   "살구꽃들이 경전을 펼치"고 있다. 이는 봄이 되어 꽃들이 활
짝 피었음을 의미한다. 꽃 무더기 속에는 "벌들이 무아지경으
로 경을 읽는다". 꽃과 벌은 서로 공생하는 관계이다. 벌은 꽃에
서 꿀을 따 꽃이 다시 열매를 맺을 수 있도록 도와준다. 때문에
"수만 마리 벌들이 읽는 화음"은 "봄을 기르는 생명의 법어"가
된다. 사람살이도 꽃과 벌처럼 서로 도와 공생한다면 "미세먼

지 가득한 하늘도 두렵지 않"을 날이 머지않아 곧 올 것이다.

그런데 이 경은 혼자서 읽을 수 없다. "우주의 섭리 속에 조화를" 이룰 때 끊이지 않고 계속 이어질 수 있는 것이다. 바람도 잠시 쉬어가며 "살구꽃들의 장삼 자락을/고요히 흔들고 경전을 음미한다". "살구나무 한 그루가/분홍색 범종을 하루 종일 치고 있"는 모습이 눈앞에 선연하다. 이러한 살구꽃잎이 떨어지는 풍경은 우주의 섭리로 이어진다.

손바닥에 떨어진 눈꽃 한 송이

먼 우주를 돌아 나에게 온 너

잠시 머물다가 어디론가 떠났다

손바닥에 남긴 눈물 한 방울

―「인연」 전문

짧은 시이지만 이 시가 내포하는 의미는 쉽게 지나칠 수 없다. 손바닥 위에 "눈꽃 한 송이"가 즉, 우주가 놓여 있다. 이 "눈꽃 한 송이"는 "눈물 한 방울"로 의미가 확장된다. "눈꽃 한 송이"는 쉽게 온 것이 아니라, 우주를 돌고 돌아 먼 시간이 지난 후 어렵게 시인에게 왔다. 하지만 "눈꽃 한 송이"는 오랜 시간 곁에 머물지 못한다. "잠시 머물다가 어디론가 떠"나야 하는 운명이다.

만남이 있으면 헤어짐이 있고, 헤어짐이 있으면 다시 만나게 되는 것이 우리의 삶이다. 손바닥에 눈꽃 한 송이가 떨어진 것도 인연이고, 아주 잠깐 머물다가 다시 떠나야 하는 것도 인연인 것이다. 손바닥과 눈꽃의 관계가 그리고 삶을 살아가는 우리 모두의 관계가 돌고 도는 인연에 불과하다. 인연에 따라 잠시 오고 가는 것, 이것이 우리네 삶인 것이다. 이러한 존재를 초월하여 삶을 바라보는 시인의 깊이 있는 성찰이 돋보인다.

이뿐만 아니라 시인은 자연에 대한 경각심도 일깨워주고 있다. 우리 사회는 현재 "비명마저 숨 넘어가는 무자비한 날"들이 연일 이어지고 있다. "에어컨 실외기는 사망 직전의 호흡기 환자"가 되어버린 지 오래이고, 어미가 없어도 병아리가 부화되었다는 뉴스가 TV에서 방영되고 있다. "40도가 넘도록 열 받게 해놓고/함부로 괄시하고 누구를 탓"하겠는가. 시인은 이 모두 "내가 저지른 죄"(「폭염」)라고 자책한다. "지구가 사람에게 재갈을 물리"(「미세먼지」)는 미세먼지도 시인의 시선에 포착되면 한 편의 시가 된다. 미세먼지는 경첩날이 되었는데도 따뜻한 날씨로부터 자유롭지 못한 사람들로 연결된다. "미세먼지 가득한 하늘, 누런 경첩날" 개구리가 "땅을 치고 울고" 있는 것이다. "입과 코를 마스크로 가리고 지나가는 사람들보고/강도처럼 그러지 말고 책임지라고 울고"(「경첩날」) 있는 개구리의 울음소리가 귓가에 들리는 듯하다.

시인은 나이 듦에 대해서도 이야기한다. 예로부터 한 마을에 노인이 죽으면 도서관이 사라졌다고 하였다. 이는 삶의 체험에서 이룩된 지식의 보고가 사라진 것이라는 의미이다. 이러한 나이 듦을 시인은 애틋한 시선으로 바라본다. 「그 노인」에서는 식당에서 우연히 만난 "유학자이고 교장 출신"이었던 여든여덟 노인의 삶에 대해 이야기한다. 노인의 삶은 평탄할 것만 같았으나 현재는 홀로 외로움과 사투하고 있다. 아이들은 외국에서 살고 있고 부인은 중환자실에 누워 있다. 이러한 노인의 어깨 위에 무겁게 내리는 아침 햇살을 시인은 가슴 아프게 바라본다. 「임자」에서는 비가 내리는 저녁 "공주 재래시장 그때 그 식당"에서 "팔십 넘은 노인들이" 술 한잔씩 권하며 부르는 "임자 없는" 노랫소리를 귀담아 듣는다. "한 번 가신 그 님은 오지를 않"고 "목 메여 불러 봐도 대답"이 없다. 흘러간 옛 노래같지만, 시인의 예리한 통찰은 지나간 과거의 반추와 함께 노인들의 삶을 애틋하게 보여주고 있다. 이 노랫소리를 "땅거미에 깔리는 G선상에 노인 아리아"라 부르는 이유도 이 때문일 것이다.

그렇기 때문에 세상의 모든 풍파와 상황에 "함부로 종 치지" 말 일이라고 일갈한다. 누군가에게는 시작이지만 누군가에게는 끝장이기 때문이다. 누군가에게는 "가슴에 떨림이" 오지만, 누군가에게는 "가슴에 눈물이"(「종 치는 남자」) 고이기 때문이다. 우리 삶에 "어디 만만한 일들만 있었던" 적 있던가(「배롱나무는 껍질을 벗는다」). 아프지 않고 보내는 것이 없다는 것 또한 시인은 잘 알고 있다. "달기만 해서야 어디, 세상 살맛 나겠나/ 쌉쌀하고 달착지근해야 밥맛 좋은 세상"(「밥맛」)이라는 것을 말이다. 때문에 시인 스스로 누군가에게 "집밥 같은 사람이 되고"(「집밥」)자 하는 것이다.

유준화 시인은 집밥처럼 언제나 늘 같은 자리에서 따뜻하면서도 편안한 삶의 안식처가 되고자 한다. 유준화 시인이 그린 삶에는 사물을 바라보는 애틋함이 그대로 묻어 있다. 애틋함을 그리는 시선에는 시인의 섬세하고 경건한 마음이 가득 담겨 있다.

삶을 들여다보는 시각은 사람마다 다르다. 시인의 성정으로 들여다보는 삶은 경건하고도 세심하다. 함순례 시인과 유준화 시인이 그러하다. 함순례 시인은 섬세한 시선으로 사물을 들여다보고 타인의 삶을 배려하며 살아가고자 한다. 유준화 시인은 삶을 세심하게 통찰하고 애틋한 시선으로 이를 그려내고자 한다. 두 시인의 시 모두 깊은 성찰과 혜안을 통해 한 편의 시로 형상화되고 있다. 우리의 삶은 늘 좋은 일들만 연속인 것은 아니다. 두 시인은 이러한 아픔에 대해 기억하고, 지나온 과거와 함께 현재를 남기려고 노력한다. 지나간 시간에 대한 기록은 훗날 누군가에게는 역사가 되기 때문이다. 지금의 이 시간을 남기며 또 하나의 성찰을 이룩하는 것이다.

절제된 언어와 철학적 삶의 메시지
— 박송이, 유계자론

삶을 전달하는 언어는 때로는 감동을 주기도 하고, 때로는 생활에 역동성을 부여하기도 한다. 우리는 언어를 통하여 의사소통을 하고 의미를 전달하기도 하지만, 언어로 인하여 사람의 마음을 움직이게도 한다. 시에서 언어는 사전적 의미만 전달하는 것이 아니라 그 안에 은유화되어 담겨 있는 내포적 의미를 가지고 있다. 이 내포된 의미가 담겨 있는 언어는 이미지와 상황의 제시를 통해 시에 나타난다. 박송이 시인의 『조용한 심장』이 이미지를 통해 내포된 의미를 전달한다면, 유계자 시인의 『오래오래오래』는 상황을 통찰하여 보여줌으로써 의미를 전달하고 있다.

물론 시는 우리의 삶을 들여다보고 삶을 이야기하는 것이다. 이 삶은 개인의 삶뿐만 아니라 보편적인 인간의 삶을 의미하기도 한다. 보편적 인간의 삶을 이야기할 때 시인과 독자 사이의 공감대가 형성되지만, 이 공감대를 형성하는 것은 사실 쉬운 일이 아니다. 자신의 삶에 비추어 다른 사람들도 함께 고개를 끄덕일 수 있는 보편적이고도 가슴을 울리는 이야기를 만나기는 쉽지 않은 것이다. 하지만 여기 박송이 시인과 유계자 시인의 시는 독자로 하여금 공감대를 끌어내기에 충분하다.

낯설고도 희망찬 걸음, 절제의 미학

『조용한 심장』은 박송이 시인의 첫 번째 시집이다. 2011년 《한국일보》 신춘문예로 등단 이후 9년 만에 마주하는 시집이다. 박송이 시인은 낮고 고요한 음성으로 자신의 세계를 풀어낸다. 한 걸음 한 걸음 뚜벅뚜벅 풀어내는 세계를 통해 전해주는 내밀한 메시지는 시인 자신만의 이야기가 아니라 결국 우리 모두의 이야기이다. 그렇기에 시인의 감각에 독자들은 더 진솔하게 다가가게 된다.

창밖 가로등을 카메라에 담은 거였는데
지독한 농담과 우울의 니코틴이 흐르는
네 강가까지 와 버렸다

네 몸 위로 내가 눕고
내 몸 아래 네가 젖는다

내 목을 잃고
네 목으로 갈아 끼워
우리의 목은 박자 없이 고개를 끄덕이며
새빨간 거짓말이 적힌 새 악보를 따라 부른다

새가 없는 나라에 산 적 있는가

부리와 날개를 잃고

척추와 발톱이 구부러지는

새의 등뼈를 따라

구불구불 불구의 나라로 날아간 적 있다

나는 크고 아름다운 새의 눈에

한 주먹 모래를 붓고 싶었다

눈을 잃은 바다와

발 없는 길목을 따라

공중을 잃고

몸통을 불사르는 시체처럼

샹들리에 사이를 오락가락했으므로

나는 새가 죽은 나라에 산 적 있다

소리 없는 울음과

조용한 심장

그리고 자라는 손톱들

창밖엔 어둠 속의 어둠이 물들고

울다 웃는 일이 쉬워지고

새벽에 닦는 고요한 숟가락

커튼 대신 걸린 목들

지상에는 지상의 목들이

새가 사라지는 노래를 부른다

—「구름이 지나가는 마을, 론세스바예스」 전문

구름이 지나가는 마을은 어떤 곳일까? 그곳은 다름 아닌 산티아고 순례길 중 하나인 론세스바예스이다. 순례(巡禮)길은 종교의 발생지나 성인(聖人)의 거주지 같은 종교적인 의미가 있는 곳을 찾아다니며 참배하는 길을 의미한다. 산티아고 순례길은 예수의 열두 제자였던 성 야고보의 무덤이 있는 스페인 북서쪽 도시 산티아고 데 콤포스텔라로 향하는 약 800km에 이르는 길이다. 이 길은 1993년 유네스코 세계문화유산으로 지정되었다. 현재는 신자들뿐만 아니라 세계 많은 사람들이 이 길을 걷고 또 걷는다. 론세스바예스는 800km 순례길의 여정 중 한 곳이다.

론세스바예스에는 새가 없다. 이 새의 이미지는 '새가 없는 나라→새가 죽은 나라→새가 사라지는 노래'로 연결된다. 새는 기본적으로 어느 곳에도 얽매이지 않는 자유로움을 상징한다. 지상에 발이 묶인 인간에게 새는 자유 혹은 자유에의 열망을 의미하기도 하기도 하고 현실의 삶을 초월하는 표상이 되기도 한다. 현실의 삶을 초월하는 것은 과도한 욕망으로부터 벗어나 영혼이 자유로운 삶을 살고자 함을 의미한다. 욕망은 결코 충족될 수 없지만, 순례길 위이기 때문에 소망해보는 것이리라.

즉 새의 이미지를 통해 시인은 순례길을 걸으며 현실의 삶을 초월하여 욕망을 걷어내고 진리를 구하고자 한다. 하지만 이 진리의 현현 역시 순탄하지만은 않다. 때문에 시 속의 새는 "부리와 날개를 잃고/척추와 발톱이 구부러지는" 등뼈를 가지고 있다. "눈을 잃은 바다와/발 없는 길목을 따라/공중을 잃고/몸통을 불사르는 시체"와 같은 형상을 하고 있는 것이다.

그럼에도 불구하고 아직 참담하다고 낙담하기에는 이르다. 손톱은 자라나고 "울다 웃는 일이 쉬워지고" "지상에는 지상의 목들이/새가 사라지는 노래를" 부르고 있기 때문이다. 제 형상을 갖추지 못한 "불구의 나라"에서 시작되었지만, 이 욕망의 시간 또한 지나가면 구하고자 하는 진리에 도달할 수 있을 것이다. "조용한 심장"이 계속 움직이고 있는 이유는 이 때문이다.

　　　　花無를 쓴다
　　　　꽃이 없다는 말
　　　　누구도 꽃이 아니라는 말
　　　　실은 누구도 꽃이라는 말
　　　　장미도 아니고 동백도 아닌
　　　　아무것도 아닌 모든 시절의
　　　　꽃을 쓰면서 꽃을 지운다
　　　　꽃은 저마다 다른 사정으로
　　　　누구는 이냥 피고 누구는 마냥 피고
　　　　누구는 그냥 피고 누구는 저냥 진다
　　　　그러기에 너도 나도
　　　　잘난 꽃도
　　　　못난 꽃도 아니다
　　　　내가 아는 진실은
　　　　피고 지는 꽃의 운명을

우리가 따라갈 거라는 거

망가지고 버려진 꽃들은

저가 꽃인 줄도 모르고

낙담했을 것이다

떨어진 꽃을 줍는다

떨어지지 못한 자책으로

화선지를 사랑하는 사람들이

붓을 들고 조문하는 날

우리는 꽃이 아니었기에

꽃이었다고

사라진 꽃들을

볼 수 없어서

花無를 쓴다

— 「화무」 전문

花無. 시인은 꽃이 없다고 쓰고 있다. 꽃은 있으면서 없는 것, 누구든 꽃이면서 꽃이 아닌 것과 같다. 유일한 진실은 "피고 지는 꽃의 운명을/우리가 따라갈 거라는" 것이다. 운명은 거역할 수 없으므로 따라갈 수밖에 없다. 이 시에서 꽃은 꽃 자체이기도 하지만, 사람을 의미이기도 한다. 이 꽃은 저마다 각자 피어난다. 서로 "다른 사정으로/누구는 이냥 피고 누구는 마냥 피고/누구는 그냥 피고 누구는 저냥 진다". 그렇기 때문에 실상 우리 모두는 똑같은 처지인 셈이다.

특별하게 잘난 사람도 또 특별하게 못난 사람도 없다. 삶이 힘들어 스러진 사람, 망가지고 때로는 버림받은 사람. 이들 역시 소중한 한 개인이고 삶을 영위하여 나아가야 하는 개체이다. 우리는 모두 각자의 운명을 손에 쥐고 태어나 살고 있을 뿐이다. 때로는 운명에 순응하며 때로는 운명에 거역하며 맞서서 살아가고 있다.

"망가지고 버려진 꽃들"도 꽃이다. 비록 "저가 꽃인 줄도 모르고/낙담"하였겠지만 이들 역시 꽃인 것이다. 자신이 세상에서 가장 예쁘고 귀한 줄 모르기에 낙담하였을 테지만 이들의 가치는 그 무엇으로도 대신할 수 없다. 이는 곧 존재할 수 있다는 그 자체만으로도 충분한 가치가 있다는 것을 뜻한다.

시집 곳곳에 엄마를 향한 깊은 그늘이 함께 자리하고 있다. "열어야 할 문이 병실이래도//만져야 할 몸이 머리카락뿐이래도//아픈 엄마래도"(「시인의 말」) 곁에 있어 지금 이 순간을 함께 하였더라면 좋았을 것이다. 하지만 이 또한 엄마의 운명이고 시인의 운명이다. "납골당 한여름 속에서" "오동나무 관 뚜껑을 닫으며" 슬퍼할 겨를도 없이 "배고픈 딸이 울었다". "딸이 우니까 젖이 돌았다"(「회전목마」). 엄마를 보내는 순간 마주하게 되는 또 다른 엄마. 이것 또한 시인의 운명인 것이다. 운명을 거부하지 않는 시인의 뜰에도 머지않아 외로움 대신 따뜻한 봄이 올 것이다. "봄이 가고 봄이 가고 봄이 가고 봄이"(「광화문 꽃집」) 또 오는 것처럼 말이다.

수줍은 목소리와 당찬 언어, 철학적 삶의 단상

『오래오래오래』는 유계자 시인의 첫 번째 시집이다. 유계자 시인은 2016년 《애지》로 등단하며 작품 활동을 시작하였다. 『오래오래오래』에서는 삶의 냄새가 난다. 생활에서 길어 올린 진정성이 시에 깊이를 더하여 마음에 파장을 크게 일렁이게 한다. 일상적인 소재를 다루면서도 깊은 사유의 세계를 보여주고 있다. "넘어지면 일어나기 어려운 뿌리가 쉽게 뽑"(「붉은 맨드라미 아래」)히더라도 시인은 뿌리의 힘을 믿는다. 뿌리가 다시 일어나기까지는 많은 시간이 걸리겠지만, "하찮아 보이는 것들도/어딘가에서 꽃이 되기도 한다는 걸"(「꽃이 아닌 것 없다」) 시인은 알고 있는 것이다. 유계자 시인은 이러한 생활의 면면을 삶의 언어로 형상화하여 보여줌으로써 시적 공감으로 확장시키고 있다.

모래밭에 구령을 맞추는 갯메꽃이 있지
바다를 향해 나팔 하나씩 빼어 물면

자갈자갈 거품 문 게들이 발바닥에 짠 내음을 불러들이지
뱃길을 따라갔던 갈매기들이
먼바다에서 아직 돌아오지 않는 안부를 더러 물고 오지

외할머니가 가르쳐준 대로

갯메꽃 입술 가까이 대고 따개비 같은 주문을 외워

오래오래오래

숨 한번 크게 들이쉬고 중얼거리면
메꽃 속에서 긴 밧줄을 타고 꽃씨 닮은 개미들이 줄줄이 기어 나오지

하나 둘 개미를 세며 기다려 줘야 해
외삼촌을 기다리던 외할머니처럼

그러는 동안 밀물이 찰싹찰싹 발등을 간질이지
눈물 비린내 묻은

오늘도 남은 사람들은 혼자 갯메꽃 주문을 외우며
물수제비를 던지지
퐁퐁퐁 물발자국 딛고 오라고

해가 지도록 오래오래오래
—「오래오래오래」 전문

　갯메꽃은 바닷가에 분포한 식물이다. 바닷가 모래사장에 피어 있는 이 꽃은 나팔꽃 모양을 닮았다. 바다가 익숙한 시인에게 갯메꽃은 때로는 친구가 되어주었을 것이다. 5월에서 6월 사이 갯메꽃이 필 무렵이면 "자갈자갈 거품 문 게들이 발바닥에 짠 내음을 불러들이"고, "뱃길을 따라갔던 갈매기들"은 "먼바

다에서 아직 돌아오지 않는 안부를 더러 물고" 온다.

그러면 시 속의 화자인 유년의 시인은 "외할머니가 가르쳐 준 대로/갯메꽃 입술 가까이 대고 따개비 같은 주문을" 외운다. "오래오래오래"라고 말이다. 주문(呪文)은 특정한 글귀를 외움으로써 주술적인 효과가 있다고 생각하는 것이다. 시 속의 화자가 주문을 외우는 이유도 이 때문이다.

어떤 연유인지는 모르겠으나 시 속의 외삼촌은 지상에 존재하지 않는 사람이다. 외삼촌뿐만 아니라 존재하지 않는 모든 것들을 기다리는 염원이 이 주문 속에 담겨 있다. 화자는 "하나둘 개미를 세며" 기다리고 있는 것이다. 짧은 보폭으로 끊임없이 움직이는 기나긴 개미의 행렬처럼 기다림의 시간은 길고 힘들지만 오늘도, 내일도 여전히 기다린다. "그러는 동안 밀물이 찰싹찰싹 발등을 간질"이고, 또 그러는 동안 할머니가 흘린 눈물에서는 비린 향이 난다. 오지 않는 사람을 기다리는 지구상의 많은 사람들은 "해가 지도록 오래오래오래" "물수제비를 던지"며 오늘도 "혼자 갯메꽃 주문을" 외운다. 물수제비가 남겨놓은 "퐁퐁퐁 물발자국 딛고 오라고" 말이다.

이 시는 외할머니와 외삼촌, 갯메꽃의 스토리가 서정을 만나 짙은 감성을 호소하게 만든다. 먼 바다에 나가 돌아오지 않는 사람들과 이 사람들의 운명을 쥐고 있는 바다. 이 바다를 향한 주문이 돌아올 것이라는 믿음으로 승화되어 나타나고 있다. 시각과 후각을 통해 들여다본 내면이 머나먼 바다의 아득함을 더욱 아련하게 만드는 데 한몫을 하고 있다. '오래'라는 부사의 반복적인 사용과 '자갈자갈', '찰싹찰싹', '퐁퐁퐁'과 같은 어휘의 형상화가 기다림의 시간을 더욱 증폭시킨다. 비록 실현이 불가능한 기다림일지라도 기다림의 간절한 마음은 누구에게나 똑같을 것이다.

모처럼 동창들이
바닷가 펜션에 모여 삼겹살을 굽고 있다

주식으로 집 두어 채 말아먹었다는
별명이 주꾸미인 친구가 집게를 들고
뭐든 한방에 해치워야 한다며 고기가 탈 때까지 기다리려 하자

중소기업 대표인 문어가
뒤집을수록 기회는 생기게 되고
사람은 손이 빨라야 한다고 훈수를 둔다

그들을 바라보던 말단 공무원 넙치가
뭐든 슬슬 익혀야지 급하면 속은 핏물이야 라며 집게를 낚아챈다

숯불에서 삼겹살이 구워지는 동안

아파트 경비원 하다 잘린 새우가
단번에 구워지는 인생은 없다며
이제는 막노동도 힘들다고 연신 술잔을 들이켠다

다들 빈 잔마다 채워 봐
저 바닷물이 출렁이는 건 내 눈물이 넘쳐서 그래 그러니 건배!

석쇠 위에서
고기가 구워지는 건지 우리의 삶이 구워지는 건지 모르게 구워지고
있었다

—「고기를 굽다」 전문

　지금 이곳은 바닷가의 어느 펜션이다. 오랜만에 모인 동창생
들이 숯불에 삼겹살을 굽고 있다. 이 펜션에는 다양한 삶의 형
태들이 있다. 우선 바닷가에 모인 동창들답게 별명도 '주꾸미',
'문어', '넙치', '새우'로 불린다. 이들의 은유화가 삶의 단상들을
보여주고, 시인은 이를 또 철학적 사유로 끌어내고 있다. "숯불
에서 삼겹살이 구워지는 동안" 오가는 이야기는 우리네 삶의
모습이다.
　그 면면을 들여다보자면, 각각의 해산물은 그들 나름대로
의 사연을 가지고 있다. "별명이 주꾸미인 친구"는 "뭐든 한방
에 해치워야 한다"는 성미답게 "주식으로 집 두어 채 말아먹었
다". "중소기업 대표인 문어"는 "뒤집을수록 기회는 생기게" 된
다고 "사람은 손이 빨라야 한다고 훈수를 둔다". "말단 공무원
넙치"는 "뭐든 슬슬 익혀야지 급하면 속은 핏물이"라며 집게를
낚아채고, 그 사이 "아파트 경비원 하다 잘린 새우"는 "단번에

구워지는 인생은 없다며/이제는 막노동도 힘들다고 연신 술잔을 들이"켠다.

무엇이든 한방을 꿈꾸는 주꾸미와 늘 기회를 노리고 있는 문어, 납작 엎드려 사는 넙치, 막노동도 버거워하는 새우. 각각의 해산물이 주는 이미지와 동창생들의 삶의 모습이 잘 연결되어 있다. 이 모든 삶은 고뇌와 고통 위에 놓여 있다. 잔을 채우고 "건배!"를 외치지만 모든 삶이 순탄할 수만은 없는 것이다. 눈물이 비치는 이유도 이 때문이다. 결국 우리가 굽는 것은 고기가 아니라 우리의 삶이라 할 수 있겠다.

이처럼 유계자 시인의 시에 등장하는 소재는 우리 삶의 이야기이자 우리 주변 이야기이다. 시인은 이러한 삶의 모습을 형상화하여 단단한 필체로 그려내고 있다. 모든 삶이 아름답기만 할 수 없는 것처럼 유계자 시인의 삶도 그러하다. 때로는 아픔도, 때로는 슬픔도 존재하지만 이를 견뎌내는 것 또한 삶이다.

"사랑받기 위해 태어난 것"(「사랑의 끝」)이지만, "길은 잡아당겨지지 않고 걸음은 자꾸 고무신을 놓"(「이팝나무 시루」)치는 경우가 허다하다. "돌고 돌아도 봉제공장" 안에 갇힌 삶을 붙잡는 것은 "먹고살자고 하는 일이니 끼니는 거르지 마라"(「계단 오르기」)고 말씀하시는 어머니가 있기 때문이다. 어려웠던 한때 "살 터진 손으로 조개를 까는"(「땡땡이무늬 원피스」) 그 시절 어머니가 계셨기 때문에 견딜 수 있었던 것이다. 여기에는 "언제나 단단해 보였"지만 "성한 곳 없이 구멍이 숭숭 뚫려 있"(「무를 자르다가」)는 뼈마디를 가진 아버지도 함께이다.

　박송이 시인의 『조용한 심장』과 유계자 시인의 『오래오래오래』를 살펴보았다. 두 권 모두 첫 번째 시집으로 각자의 개성 있는 목소리를 통해 완성도를 높이고 있다. 박송이 시인은 이미지를 상징화하여 보여준다. 때로는 낯설게도 느껴지지만 그 안에는 시인의 세계가 오롯이 담겨 있다. 절제된 언어를 통해 자신의 사유를 조곤하게 들려준다. 유계자 시인은 수줍은 듯 하면서도 당찬 언어를 통해 삶의 이면을 보여준다. 사물을 살피는 세심한 배려가 시를 만들고, 이 시를 통해 삶을 읽어낼 수 있다. 시인이 들려주는 삶의 이야기는 먼 나라 다른 사람의 이야기가 아니라, 지금 현재를 살아가는 우리들의 이야기이다.

체험의 구체성과 개성
— 임경숙, 손경선론

시란 무엇인가라는 질문에 대한 답은 늘 어렵다. 그리고 그 대답은 늘 바뀐다. 분명한 건 시란 우리의 일상이라는 점이다. 일상에서 보고, 듣고, 느끼고 체험한 것들을 시의 언어로 형상화해낸 것이 시이다. 일상의 이미지가 구체적이고도 생생한 시의 이미지로 그려질 때 읽는 사람으로 하여금 공감을 불러일으킨다. 구체적인 이미지가 시의 언어와 만나 가져다주는 정서의 환기로 하여금 위안을 받고 깨달음을 얻는다.

섬세한 시의 언어를 통해 세상에 없는 자신만의 길을 묵묵히 개척해 가는 사람들이 있다. 임경숙 시인과 손경선 시인이 그들이다. 이 두 시인은 세상의 낮은 곳에서 주위를 둘러보고 겸허한 마음으로 사물을 마주한다. 일상의 낮은 곳에서 삶을 들여다보고 함께 아파하고 공감하는 시인의 책무를 다하고 있는 것이다. 임경숙 시인은 시 속에 사물들을 호명한다. 그 사물은 들꽃과 같은 자연, 국내외의 여행지 그리고 어머니이다. 손경선 시인은 체험을 통해 자신을 성찰하고 이를 시의 언어로 그려낸다. 한 걸음 뒤에서 사물을 응시하여 사물이 하는 말을 조곤조곤 전한다.

소소한 일상의 재발견

　임경숙 시인은 2014년《서정문학》으로 등단하며 작품 활동을 시작하였다. 『환한 그늘』은 『그녀였던 나』(지혜, 2018) 이후 두 번째 시집이다. 『환한 그늘』에서 시인의 더 깊어진 시선을 만날 수 있다. 일상에서 직접 체험하여 길어 올린 삶의 풍경들이 더 견고해진 시인의 시선과 조우하고 있다.

　　　가장 낮은 곳을 향해 흐르는 소롯길 개울처럼
　　　저물녘 산책길 걸음마다 마음을 한 짐 한 짐 부려놓는다

　　　봄부터 피고 지는 들꽃들에게 오래도록 눈 맞춰 바라보는 순간
　　　어디서 왔다가 어디로 가는지 모를 몇몇 해오라기
　　　물가에 외발로 서서 긴 목을 구부려 물음표를 찍고 있다

　　　너는 지금 생의 어느 때를 지나고 있느냐?

　　　지상에서 일어났다 스러지는 모든 일
　　　어제와 오늘이 그저 왔다 가는 일상의 날이 아니란 걸
　　　물들어가는 저녁놀이 시시때때로 서산을 넘어가고 있다
　　　　　　　　　　　　　　　　　　　　　　　—「저무는 한때」 전문

　화자인 시인은 현재 산책을 하고 있다. 저물녘 산책 중 느낀 단상을 한 편의 시로 형상화하여 보여주고 있는 것이다. 산책

146

을 하며 한 걸음씩 발걸음을 옮길 때마다 "마음을 한 짐 한 짐 부려놓는다". 마음을 내려놓으니 시선은 자연스럽게 자연으로 가닿는다. 들판에 피어 있는 꽃에게 오래도록 눈을 맞추고, "물가에 외발로 서서 긴 목을 구부려 물음표를 찍고 있"는 해오라기 몇몇을 바라보기도 한다. 마음을 내려놓으니 봄부터 피었다 지기를 반복하는 들꽃과 해오라기가 눈에 들어오는 것이다. 감각적인 표현이 해오라기의 모습을 더욱 명징하게 보여준다.

"어디서 왔다가 어디로 가는지 모를" 해오라기처럼 우리는 "지금 생의 어느 때를 지나고 있"을까. 우리는 모두 삶을 지나가고 있는 중이다. 그 지나감은 어느 순간에 고정되어 있는 것이 아니라, 누구나 겪음직한 보편적인 일들을 나도 또한 겪는다는 의미이다. 이 보편적인 삶의 순환을 시인은 겸허한 마음으로 받아들인다.

평범한 듯 보이나 "어제와 오늘"은 "그저 왔다 가는 일상의 날이" 아니다. 누구에게나 존재하지만, 누군가에게는 특별한 귀한 시간들이고 소중한 순간들이다. 이 순간들 뒤로 "물들어가는 저녁놀이 시시때때로 서산을 넘어가고" 있다. 저문다는 것은 해가 져서 어두워진다는 의미이다. 어둠으로 인해 사라짐은 안타까운 일이지만, 또한 행복한 일이기도 하다. 저물어야 또 다시 올 수 있기 때문이다. 시인의 마음이 아직 저물지 못한 이유도 이 때문일 것이다.

뭇 꽃들이 자취를 감추는 가을날
북쪽 산자락이 환하다

이제야 꽃 나래 펼치는 민들레 씀바귀 도라지
철을 놓친 것들이 서둘러 피어난다

한 번도 피지 않는 꽃은 없다고
때가 좀 늦은 것뿐이라고

산그늘에 가려져 그림자처럼 살았대도
한 생을 여미기 전에 꽃 시절 돌아온다고

시샘 없이 화사해진 그림자 길
걸어가는 오후가 가볍다

—「환한 그늘」 전문

"뭇 꽃들이 자취를 감추"고 난 후 뒤늦게 피는 것들이 있다.
시인은 어느 가을날 북쪽 산자락에서 "민들레 씀바귀 도라지"
가 이제야 꽃을 피우고 있는 것을 발견한 것이다. 그림자에 가
려져 잘 보이지 않는 작은 들꽃에도 시인의 시선은 가 닿는다.
작아서 보이지 않는 것들, 흔해서 그냥 지나치기 쉬운 것들에
대한 이 조용한 응시가 삶을 다시 들여다보게 한다.

철을 놓쳤다고 하여 피지 못하는 것은 아니다. 세상에 "한 번
도 피지 않는 꽃은 없다". 다만 시기가 좀 늦었을 뿐이다. "산그

늘에 가려져 그림자처럼" 온갖 고통 속에 살았다고 하더라도 "꽃 시절"은 있기 마련이다. 우리의 삶도 마찬가지이다. 삶이 아무리 어렵다고 하더라도 꽃을 피우지 못하는 것은 아니다. 아무리 노력해도 꽃을 피우지 못한다면 암울할 것이다. 암울함은 삶의 의욕을 상실하게 할지도 모른다. 다만 다른 사람들보다 조금 늦는 것일 뿐, 피우지 못하는 것은 아니기에 그 그늘이 환한 것이다.

임경숙 시인은 시의 소재를 멀리에서 찾지 않는다. 시인의 일상이 시가 되고, 시인의 발길이 닿는 곳이 시가 된다. 일상에서 길어올린 삶의 지혜가 시의 언어를 통해 발현된다. 독성물질을 가지고 있는 협죽도를 바라보며 삶의 이치를 들여다보기도 한다. "짝사랑도 맹독으로 여위어"가고, "화려한 웃음이 치명적 매혹"(「협죽도」)이 된다는 것을 뒤늦게 깨닫는다. "노란 치맛자락 휘날리며 뽐내"(「금계국」)는 금계국도 시인의 손길이 닿으면 시가 된다. 쓴맛을 가지고 있는 머위는 "사색적이"(「머위」) 되고, 금낭화는 "비발디 음계로 튀어나와/하트 모양 음표들이 나들이 가는/분홍빛 옹알이들"(「금낭화」)로 피어난다. 이 외에도 「꽃댕강나무」, 「불칸 목련」, 「붉노랑상사화」, 「질경이」, 「양파」, 「호박」과 같은 시편에서 꽃과 식물을 통해 삶의 모습을 들여다보기도 한다.

또한 시인의 감각은 세계의 곳곳으로 뻗어 있다. 「천탑마을에서」, 「올레길에서」뿐만 아니라 타국의 이국적 장소를 통해 삶의 감각을 일깨워주기도 한다. "밖으로 가는 길, 아예 잊어버리"고 "깊은 동굴에 숨어 사는 태로각족"을 보며 "세상 따윈 까마득해도 좋"(「화련에 다시 온다면」)겠다고 생각한다. 때로는 "다낭의 뒷골목에서 길을 잃"(「길치」)고 헤매기도 하지만, 이에 굴하지 않고 꿋꿋하게 다시 가던 길을 간다. 베트남의 달랏역에서 "식민지 시절부터 달렸다는 나무 기차"를 타면서 "한평생 이산의 통곡으로 얼룩졌던 아버지"(「달랏(Dalat)역에서」)를 만나기도 한다.

어머니에 대한 애정도 보여준다. 「우아한 이별」이라는 역설적인 제목을 통해 어머니와의 이별을 더 가슴 아리게 보여주고 있다. 코로나19로 인하여 출입이 제한된 요양원. "문전박대받을 줄 알면서도 삼 층 베란다로 불러내어/노모와 몇 마디 소통하는 짤막한 면회 시간"(「우아한 이별」)을 갖는다. 결국 어머니는 "피붙이들에게 작별 인사 건네지도 못하고" "쓸쓸한 길 외로이"(「벚꽃 지는 봄날 이야기」) 가시고 만다. 세상의 모든 이별은 슬프고 아리다. 마지막을 지키지도 못하고 벚꽃 지는 봄날 맞이해야 했던 슬픔은 시인으로 하여금 더 사무치게 했을 것이다. 이와 같이 삶에는 "급커브 구간이 잦을지도 모"른다. 시인도, 우리 모두도 "부디 서행하"(「급커브 구간」)여 이 막다른 골목을 천천히 지나가 보길 바랄 뿐이다. 그럼에도 불구하고 아직 "세상은 살 만한 곳이라고/물에 흠뻑 젖은 생도 다 까닭이"(「폭우 속에서」) 있기 때문이다.

삶에 대한 성찰

　손경선 시인은 2016년 계간《시와 정신》신인상을 수상하며 작품 활동을 시작하였다. 『해거름의 세상은 둥글다』는 『외마디 경전』(지혜, 2017)에 이은 두 번째 시집이다. 손경선 시인은 자연을 통해 삶을 들여다보고 성찰하여 의미를 부여한다.

　자연을 대하는 시인의 시선은 바닥의 낮은 것들에로 향한다. 고개를 들면 보이는 높고 큰 울창한 숲보다는 바닥에 붙어 바닥의 힘으로 삶을 이어나가는 "괭이밥, 쇠비름, 방동사니"(「잔디 같은 풀」), "채 일 년도 못 사는 바랭이"(「바다 28」), "복수초, 노루귀, 괭이눈, 시계초"(「풀들에게 묻는다」) 같은 것들을 들여다본다. 이 낮은 것들로부터 삶을 의미를 발견해 나가는 시인은 "아래를 향한 낮은 자리"가 "보금자리"(「보금자리」)라 여긴다.

　　　바닥이 다른 바닥을 만날 때 자국을 남긴다
　　　우뚝 선다 해도
　　　발바닥만이 땅바닥에 흔적을 만든다

　　　높은 산맥도 한때는 바다의 바닥
　　　조개껍질 사리 몇과 가슴에 품어 산줄기로 자랐다

　　　진정한 감사는 바닥을 바라보는 절
　　　바닥을 바라볼 때

다시 일어설 수 있다

생의 바닥들이 서로 맞부딪치면
선승의 가르침을 어긴
숫눈 위의 개 발자국 같은 발자국
깊다

바닥이 모두 담아낸다.

— 「바닥 2」 전문

땅바닥에 흔적을 남길 수 있는 것은 발바닥뿐이다. 이 삶의 전언은 누구나 쉽게 파악할 수 있을 것 같으면서도 누구나 발견할 수 있는 진리는 아니다. 발바닥과 땅바닥, 바닥은 삶의 가장 낮은 곳이다. 신체의 가장 낮은 곳인 '발바닥'이 '땅바닥'에 닿았을 때 비로소 우리의 삶이 온전히 설 수 있다.

사실 우리의 삶은 가장 낮은 곳인 이 바닥에서부터 시작된다. '땅바닥'에 '발바닥'을 대며 시작되는 것이다. 바닥이 없는 삶은 불안하게 허공에 매달린 삶과 같다. "높은 산맥도 한때는 바다의 바닥"이었고 "진정한 감사는 바닥을 바라보는 절"이다.

바닥을 헤매는 삶은 누구나 피해 가고 싶은 순간일 것이다. 하지만 좌절하지 않고 바닥을 살아야 하는 서러움을 이겨낸다면 내일을 기약할 수 있을 것이다. 내일을 기약한다는 것은 결국 이 바닥을 딛고 일어설 수 있음을 의미한다. 바닥까지 갔다면 이제 돌아올 일만 남았기 때문이다. 더 이상 내려갈 곳이 없기 때문에 오를 일만 남은 것이다. "바닥을 바라볼 때/다시 일어설 수 있"는 힘이 생긴다. 설령 돌아오는 길이 평탄하지 않더라도 바닥에서부터 시작되는 삶이기에 존재 가치는 충분하다. 오랜 시간 인고의 끝에 피워내는 꽃도 땅바닥으로부터 시작되고, 곡식도 땅바닥으로부터 시작된다. 바다의 바닥에도 생물들이 살고 있다. "바닥이 모두 담아"내고 있는 것이다.

끝이 없다
뽑고 돌아서면 풀

낮은 자세로
더 낮게 다가오는 손길에게만
온전히 몸을 허락하는 풀

텃밭 하나를 일구기가
이렇게도 어렵다니

잡초라는 게 원치 않는 풀이라는데
원치 않는 것을
없애 버리기에도 이리 힘이 드는데

원하는 것을
품에 넣기에는 얼마나 더 낮게 다가가야 할 것인가

흐르는 땀방울에서는

흙냄새가 난다.

—「흙냄새가 난다」 전문

잡초는 강인한 생명력을 가지고 있다. 잡초는 뽑아도 뽑아도 다시 자라난다. "뽑고 돌아서면" 다시 풀이다. 아무리 열악한 환경이라도 죽지 않고 끈질기게 살아남는다. 시골 논밭의 잡초뿐만 아니라 도심지의 콘크리트 사이에서도 잡초를 발견할 수 있다. 특별히 피해를 입지 않았다고 하더라도 '잡초'는 단어만으로도 기피 대상이 된다. 하지만 경사진 산의 토사가 붕괴되는 것을 막아주기도 하고, 오염된 토양을 정화시켜 주기도 한다고 하니 단점만 있는 것은 아니다.

이러한 잡초는 "낮은 자세로/더 낮게 다가오는 손길에게만/온전히 몸을 허락"한다. 없애버리겠다고 생각하고 무작정 덤비면 없앨 수 없다. 원하지 않는 잡초를 "없애 버리기에도 이리 힘이 드는데" "원하는 것을/품에 넣기에는 얼마나 더 낮게 다가가야 할 것인가". 원하는 것을 이루기 위해 낮게 가야 한다는 것은 겸손하게 더 열심히 노력해야 한다는 의미를 함의하고 있다. 스스로를 낮춘다면 "흐르는 땀방울에서" "흙냄새"를 맡을 수 있을 것이다.

이는 인간관계에서도 마찬가지이다. 스스로 낮춰 상대방을 배려할 줄 안다면 상대방의 마음도 움직일 수 있을 것이다. 내가 먼저 스스로를 낮추는 겸손함을 갖추지 않고서는 무엇도 할 수 없다. 들판의 잡초를 없애려고만 애쓰지 말고, 고귀한 "땀방울"을 통해 그곳을 다른 식물과 나눈다면 더 이상 잡초는 무성해지지 않을 것이다.

보통 저금이라고 하면 통장이나 저금통에 돈을 모아두는 것을 뜻한다. 마음을 저금하는 것은 상상하지 못한 일이다. 시인은「꽃을 저금하다」를 통해 나누는 마음을 저금하는 일이야말로 고귀하다는 것을 보여준다. 꽃밭에 심을 "작은 나무와/꽃모종을" 이것저것 나누어주는 이웃에게 "연신 고맙다는 말"을 전한다. "그거 저금해 두는 것"이니 "많이 자라면 다른 사람에게 나누어 드리면" 된다는 이웃의 말은 무릎을 탁 치게 만든다. "꽃과/나누는 마음을 저금"하여 서로 나누는 상생의 마음이 절로 숙연하게 만든다.

손경선 시인은 이와 같이 삶의 단면을 포착하여 의미를 부여하고 그 모습을 세세하게 보여준다. 삶은 큰 것보다는 "언제나 작은 것에 기대어 살아"(「원천(源泉)」)가는 것이 진리라는 것을, "생을 가로지르며/늘 힘을 빼고"(「힘」) 살아가야 한다는 것을 놓치지 않는다. "발길질로 무너트린 과거"와 "짓밟히는 오늘" 그리고 "부서질 내일의 환영"이 시인을 "둥글게 한다"(「해거름의 세상은 둥글다」). 존재를 향한 집착으로부터 자유로워질 때 둥글어질 수 있다는 것을 시인은 터득하고 있다.

시인은 사람의 편의를 위해 발명된 것들이 오히려 사람을 족

쇄로 만들어버린 현재의 상황도 간과하고 넘어가지 않는다. 「배달 시대」에서는 "아침 점심 저녁으로 일용할 양식"을 배달해주는 택배에 대해 이야기하고, 「스마트한 세상」에서는 "속속들이 누구보다도 나를" 더 잘 알고, "항상 감시하고, 탐문하고/일거수일투족을 알"려주는 휴대폰에 대해 이야기한다. 「무인(無人) 시대」에서는 "사람이 먼저라더니/제일 먼저 사람이 사라"지고 마는 현 세태에 대해 이야기한다. "디지털 자동화"로 사람 대신 "자판기, 무인 주문기, 무인 계산대" 등이 그 몫을 충분히 해내고 있다. 이러다 사람마저도 언젠가 사라질지 모른다는 위기감을 시인은 놓치지 않고 위트 있게 보여준다.

지금까지 임경숙 시인의 『환한 그늘』과 손경선 시인의 『해거름의 세상은 둥글다』를 살펴보았다. 임경숙 시인은 소소한 일상에서 시의 의미를 재발견한다. 산책을 하며 마주하는 모든 것들, 발길이 닿는 곳곳이 모두 시가 된다. 손경선 시인은 삶을 관조하며 바라본다. 한 걸음 뒤에서 바라보는 인생의 한 단면을 성찰을 통해 보여준다. 임경숙 시인과 손경선 시인은 구체적 삶을 토대로 시를 짓는다. 일상에서의 체험이 편편의 시로 형상화된다. 단순히 경험을 나열한다면 시라 할 수 없을 것이다. 경험을 재구성하여 섬세한 시의 언어를 통해 깊고 견고한 사유의 영역을 보여준다. 즉 자신의 일상적 경험을 토대로 이를 확장하여 각각의 시의 개성을 구축하고 있다.

텅 빈, 고요한 울림
― 김종숙론

    옛 선인(先人)들의 이야기에는 우리가 미처 깨닫지 못한 소중한 삶의 지혜가 담겨 있다. 인간으로서 마땅히 지켜야 할 도리가 담겨 있는 것이다. 이러한 도리는 단시간에 깨칠 수 있는 것들이 아니다. 오래 들여다보고 깊이 생각해야 깨달을 수 있기 때문이다. 김종숙 시인의 첫 시집 『동백꽃 편지』에는 선인들의 이야기가 가득하다. 때로는 백석이 다정히 말을 걸고, 정약용이 있고, 공자의 제자인 안연과 자하, 이중섭과 이규보가 등장한다. 이러한 선인들의 이야기들이 모여 글이 되고 한 편의 시가 되고 있다.

    대표로 다음의 시를 보자. 시인은 어느 날 마현에 방문한다. 마현에서 느낀 정약용의 사상과 생각을 시인은 그대로 시에 들여온다. 처마 끝에서 떨어진 물이 만든 자리에 쌓여 있는 굵은 모래가 대수롭지 않게 보인 것이다.

    광주부 초부면 마현의 여유당(與猶堂) 낙숫물 자리에 가벼운 흙모래는 다 흘러가고 굵은 모래만 태산이다

    수없이 캐묻고 두드린 흔적이다

―「마현에서」 전문

경기도 남양주 마현마을은 조선 후기 실학자 다산 정약용의 생가가 있는 곳이자, 18년간의 긴 유배생활을 마치고 돌아와 머물렀던 곳이다. 그곳 이름이 여유당(與猶堂)이다. 여유당(與猶堂)은 노자(老子)의 『도덕경』에 나오는 말로 세상을 조심히 살아가라는 의미가 담겨 있다. '여(與)'는 겨울 냇물을 건너듯하다는 뜻이고, '유(猶)'는 사방을 두려워한다는 뜻이다. 즉 겨울 냇물은 매우 차가우니 당연히 조심해야 할 것이며, 이웃을 두려워하듯이 세상을 살펴 조심조심 살아가자는 의미이다.

정약용은 당시 인재를 고르게 등용하고 당색을 타파하기 위해 노력했지만 뜻하는 바를 쉽게 이루지 못했다. 시인은 이곳 마현에 와서 "수없이 캐묻고 두드린 흔적"을 들여다본다. 이 흔적들은 당시 정약용의 흔적이기도 하지만, 현재 우리의 흔적이기도 하다. 정약용의 삶을 통해 어지러운 현재 우리의 시간을 돌이켜보고자 하는 마음이 함의되어 있다.

2연으로 구성된 짧은 시이지만 큰 깨달음이 담겨 있다. 시인은 이와 같이 선인들의 삶을 통해 오늘날 인간으로서 우리가 마땅히 지켜야 할 도리를 깨우쳐준다. 그간 시인이 지나온 시간과 삶의 흔적이 선인들의 발자취와 함께 시 속에 담겨 있는 셈이다.

이와 같이 선인들의 삶에 우리의 삶을 투영해 바라보는 시인의 시선에서 따뜻함을 느낄 수 있다. 시를 쓰는 많은 사람들이 따뜻한 마음과 시선을 가지고 사물을 응대하겠지만, 김종숙 시인의 시선에는 깊이가 배어 있다. 「마쓰모토성, 가이드 부부」와 같은 시가 그러하다. "시종 남자의 왼편과 오른편을 옮겨서며 날갯짓을" 하는 부인의 모습과 이러한 부인으로부터 "열락(悅樂)의 날갯짓을 선물처럼 받아들고 봄흙 같은 향기"를 건네는 남편의 모습. 이들 "부부의 잔상"이 "성문 밖 해자(垓字) 앞의 기러기 한 쌍"으로 환원되어 독자에게도 전해진다. 이러한 시인의 따뜻한 시선은 여행지에 가서도 여과 없이 발휘된다. 세밀한 관찰과 시선이 시인의 발길을 붙잡은 것이다. 이 따뜻함은 고요한 울림에서 비롯된다. 고요함 속에 조용히 사물을 응시하고 관찰함으로써 비롯되는 것이다. 관찰은 다음의 시에서도 이어진다.

이제 막
눈 맞춤을 시작한
수국 일곱 송이를 두고
집을 비워야 할 형편이라
한 송이씩 리본을 묶어 건넸더니
꽃을 받아 든 이들이
꽃이 되어
출렁거렸다

수국
일곱 송이가
건너가

일곱 편의 시(詩)로

다시 묶였다

―「시, 일곱 편」 전문

　이 시의 화자이기도 한 시인은 오랜 시간 집을 비워야 하는
상황에 놓여 있다. 그런데 문제는 "이제 막" 꽃대가 올라오고 있
는 "수국 일곱 송이를 두고" 가야 한다는 것이다. 이를 어쩌나,
고심 끝에 시인은 일곱 송이의 수국을 과감히 자르기로 한다.
잘린 수국은 "한 송이씩 리본을" 정성껏 묶어 일곱 집으로 분양
된다.

　분양된 꽃들은 일곱 집으로 건너가 제각기 한몫을 단단히 한
다. 일곱 송이의 수국이 일곱 편의 시(詩)가 되는 순간에 이른 것
이다. 하나의 화분에서 가지를 뻗어나간 수국의 꽃송이로 인해
주위가 절로 환해짐이 느껴진다. 이 또한 짧은 시이지만 굵은
메시지를 전달하는 시인의 전언이 예사롭지 않다.

　다음의 시는 편지의 형식으로 구성되어 있다. 보내는 사람 즉
발신인은 화자인 시인이고, 수신인은 '아재'라 불리는 사람이
다. 여남은 살 적 동백에 얽힌 추억 한 대목을 조곤조곤 들려준
다.

　아재, 바람 끝이 제법 차졌습니다.

　이런 날 동백 숲으로 내달려야겠지만 아재의 동백꽃 얘기를 떠올리는

　것으로 오후의 그늘을 지납니다.

아재도 동백이 지는 소리에 귀를 적시고 외따로움에 갇혀 계시지는 않지요. 해 지고 그림자저 사라진 빈자리인데 어서 안으로 드셔야겠습니다.

아재, 제게도 동백의 기억이 있답니다.

제 나이 여남은 살 적의 일이었습니다.

초례청 흑백사진 속의 어머니는 앳되고 수줍어서 그 꽃, 꼭 끌어안은 듯, 한아름 동백에 기대어 계신 듯도 하여 동백숲으로 내달린 적이 있었습니다.

돌담을 감아 돌자 조랑조랑 물 흐르는 물소리가 고샅을 깨웠습니다.

윗샘이 넘쳐서 나는 소리가 아름다웠던 때였지요.

차고 넘쳐서 풍경(風磬) 소리가 났습니다.

넘친 샘은 도랑을 먹이고 아래로 아래로 흘러 고마리도 달개비도 목을 축이니 절로 푸르러 살 만한 세상이었습니다.

아재, 우리에게 이런 날이 있기는 했었나 봅니다.

우리가 잊고 지낸 순한 세상, 순한 목소리 순한 눈매 순한 손 순한 걸음, 순한 가슴…… 우리 옛적같이 살고 지면 저 숲의 동백이나 우리가 매한가지 아니겠지요.

아재, 고샅을 벗어난 길 끝, 동백나무 숲이 있었습니다.

대나무 울 건너 동백은 붉고 푸른데 나무 그늘만 한 꽃자리는 아리게 뒹굴었습니다.

놀라 떠나보내기에 이른 꽃모가지를 꽃 떨어진 자리에 잇대어도 보고 치마폭에 감싸 안고 오래도록 지켰으나 달리 방도가 없어 수없이 마음만 접었습니다.

마음을 데인다는 것이 제 안에 상처 하나를 더 끌어안는 일인 줄 그때는 몰랐습니다.

아재, 마음을 쓰는 일도 그러할 것입니다.

웅심 깊은 나무가 곁가지를 깨치고 햇가지를 틔운다 하였으니 조금
만 더 기다려보시게요.

아재, 벌써 이슥합니다.

이만 갖추지 못하고 아재의 소식을 기다리며 맺겠습니다.

― 「동백꽃 편지」 전문

이 시는 전형적인 편지 형식으로 이루어져 있다. 먼저 안부를
묻고, 상대방에게 알리고 싶은 내용을 전한 후 마지막으로 "아
재의 소식을 기다리며 맺겠"다는 끝인사를 전한다. 이 시의 화
자이이기도 한 시인이 전하고 싶은 내용은 "웅심 깊은 나무가
곁가지를 깨치고 햇가지를 틔운다 하였으니 조금만 더" 인내
하고 기다려보자는 것이다. 큰 뜻이 있는 나무가 작은 가지를
물리치고 새로 자라 나온 가지를 자라게 하는 법이니 마음을 잘
다스려 보자는 의미이다.

마음을 다스리는 일은 어려운 일이다. 누구든 마찬가지일 것
이다. "마음을 데인다는 것"은 "제 안에 상처 하나를 더 끌어안
는 일"이라는 것을 미처 몰랐던 시인에게는 "수없이 마음만 접
었"던 시절이 있었다. 접었던 마음이 다시 펴지기까지 고된 인
내와 기다림의 과정이 시를 통해 고스란히 전해진다.

동백은 겨울에 꽃을 피워 동백(冬柏)이라 한다. 한겨울 추위
를 견뎌내고 꽃을 피우는 꽃, 꽃 진 자리에는 열매를 남긴다. 이
에는 겸손한 마음, 기다림, 애절한 사랑, 희망이라는 의미가 담
겨 있다. 한겨울의 추위를 인내하고 나서야 꽃을 피우는 동백은

사람의 이치와도 맞닿아 있다. 오랜 고난과 역경을 헤쳐 나가고 나서 찾아오는 기쁨과 행복은 그 무엇과도 비교할 수 없을 것이다. "길 끝, 동백나무 숲"에서 "동백이 지는 소리"가 들리는 듯하다.

시인은 한동안 남편과 떨어져 있는 시간을 보냈다. 이는 「나야」라는 시를 통해 확인할 수 있다. "주말부부로/지나온 이십 년" 동안 "전화기에 대고/서로를 부른다". "나야, 잘 자나 해서"라고 말이다. "말끝을 돌려/밥/잘 먹고/잘 자". 한마디 하기 위해서 말이다. 딱히 할 말이 없어도 부부 사이에 혹은 연인 사이에 "서로 사무쳐" 그리워지는 것은 당연한 이치이다. 이 시간들을 견뎌오고 건너왔음에 서로가 서로에 대한 믿음과 신뢰가 더욱 깊어졌을 것임은 자명하다. 떨어져 있음으로 인해 애틋함이 더 깊어졌으리라. '나야'라는 단어의 울림이 거대하게 다가온다.

이후 퇴직을 한 시인은 지금은 남편과 함께 시간을 보낸다. "섬에 방 한 칸/얻어"놓고 말이다. 그곳은 다름 아닌 제주이다. "자고 난/이부자리 위로/아침 해가 들고/느릿한 아침이 기지개를 켜는 방 한 칸". 이곳은 "세상천지간에/우리 둘"만 있는 곳으로, "당신"과 시인을 "싸 들고 나오면/텅/텅 빈/극빈의"(「1.4평」) 방이다. 아무것도 없는 "텅 빈" 방은 "극빈의" 방이 아니라 마음이 넉넉한 방일 것이다. 시인은 이 방을 화가 이중섭이 그의 아내 남덕과 기거했던 '1.4평'의 방 한 칸에 비유하여 말하고 있다.

 "부쩍 가까워지진 않았으나 빈 걸음이라 여겨지지도 않았"던 문장(文章)들. "서로를 잘 몰라 겉돌 뿐, 그래서 띄엄띄엄 말을 건"네는 사이. "가슴이 지었다 허물어놓은 말, 갈 곳 없는 말들"(「어떤 만남」)을 모아 시인은 오늘도 어디선가 시를 짓고 있을 것이다. 혼자 지내야 했던 외로운 시간들이 켜켜이 쌓이고 쌓여 만들어낸 따뜻한 시선. 그 텅 비었던 시간들이 퇴적되어 동백의 향으로 고요하게 울려 퍼지고 있다.

유쾌, 상쾌, 통쾌가 필요한 순간
─박순원론

　박순원 시인의『에르고스테롤』에는 유쾌함과 상쾌함, 통쾌함이 들어 있다. 이 유쾌함과 상쾌함, 통쾌함은 박순원 고유의 전매특허인 어휘의 반복과 노래의 차용을 통해 감각적인 언어로 나타난다. 가볍지만 결코 가볍지 않게 읽히는 시집이다.

　시집을 찬찬히 들여다보면 박순원식의 특유한 언어감각을 찾아 볼 수 있다. 박순원 시인의 시는 어렵게 쓰여지지 않는다. 단어들이 불러주고 시인이 받아쓰는 형식이다. "이제부터 포동포동/포동포동을 주제로/시를 쓰겠다"고 선언한 순간, "포동포동"이 시의 형식을 구축해 준다. 시의 말미에 이르면 급기야 시인은 고백하기에 이른다. "이 시는 포동포동이/불러 주었고 내가 받아"(「포동포동」) 썼다고 말이다. 누가 불러주고 누가 받아쓴들 어떠하리. 박순원 시인의 일상이, 삶 자체가 시가 되는 것을.

　「톨」과「튤립」역시 박순원식의 어법이 고스란히 드러나 있는 시이다. 같은 음을 반복하고, 이 반복을 통해 운율을 형성하며, 장난 같지만 장난이 아닌 이 운율을 통해 의미를 부여한다. 「톨」이라는 시에서 시인은 "외와 이는 껍데기 같고/톨만 알맹

이 같다"고 말한다. "외톨이에서 톨을 보아라 외는/조금 한자 남새가 나기도 하고/이는 접미사처럼 보인다 외톨이를/외톨 이답게 하는 것은 톨이다 톨/톨톨 밤톨 같기도" 한 '톨'의 반복을 통해 감각적으로 리듬감을 만들어내고 있다. 이와 같은 시는 가벼운 인상을 남기기보다는 언어의 변용을 통해 보여주는 리듬에서 시의 맛을 느낄 수 있게 한다.

「튤립」이라는 시 역시 마찬가지이다. "튤튤 넘어가는 튤 튤집에서" "튤을 마신다 마시고 취한다". "본심은 그게 아니었는데" "튤상을 뒤집어엎으며 세상을 뒤집어엎"는다. 때문에 "깨지고 부서지고 어지러운" 것은 당연한 수순이 된다. 이것이, 이것도 우리 "인생"(「튤립」)의 한 부분인 것이다. 자세히 들여다보면 술상을 뒤집어엎는 행위는 세상을 뒤집어엎는 행위와 연결된다. 말장난을 늘어놓은 시처럼 보이지만 시인의 시대를 바라보는 비판정신이 담겨 있다.

다시 말해 이러한 언어감각은 말장난으로 끝나지 않는다. 그 안에는 이 시대를 우려하는 목소리가 내포되어 있다. 그 예로 시인은 '분홍당'을 만들겠다고 선언한다. "지조도 의리도 신념도 개념도 없는 당원들과 닐리리야 전당대회를" 열겠다고 말이다. '녹색당'이 아닌 '분홍당'을 만들겠다는 시인의 확고한 의지에는 "분홍이라면 귀천을 가리지 않고"(「녹색당」) 영원히 함께할 것 같다는 소망이 반영되어 있다.

나는 정치적으로 파산하였다 재기할 길이 없다 태어날 때부터 파산
상태였고 다시 일어설 방법이 없다 우리 할아버지의 할아버지의 할아버
지의 할아버지의 할아버지의 할아버지께서는 우암 송시열의 사약을 들
고 가셨던 관리였다 그러고는 내리막길 그 이후로 우리는 나는 재기할
수 없었다 농사를 짓고 장사를 하고 나는 대학을 나왔지만 과거에 응시
하지 않았다 그래도 사립학교법 등 관련 법규에 의거 교원 임용에 하자
가 없으니 시골에서 선생을 하고 있으니 신라 시대로 따지면 일두품이나
이두품쯤 되지 않을까 경제적으로는 근근이 살아가지만 정치적으로는
파산하였다 재기할 길이 없다 완전히 아주 꽉 막혀 버렸다 사람들을 모
아서 반란을 꿈꾸지도 못하고 가끔 촛불을 들고 기원한다 모든 사람들
이 평등하기를

—「파산」 전문

정치적으로 반란을 꿈꾸지 못하는 시인은 재기할 길 없이 꽉
막혀 버린 상황에 놓여 있다. 시인은 "대학을 나왔지만 과거에
응시하지 않았다". 하지만 현재 "사립학교법 등 관련 법규에 의
거 교원 임용에 하자가 없으니 시골에서 선생을 하고" 있다. "경
제적으로는 근근이 살아가지만 정치적으로 파산한" 시인은
"재기할 길이 없"는 "완전히 아주 꽉 막혀" 버린 상황에 처해 있
는 것이다. 하지만 "가끔 촛불을 들고 기원한다 모든 사람들이
평등"해졌으면 하는 의미에서 말이다.

귀천을 가리지 않고 모든 사람이 평등한 세상은 누구나 꿈꾸
는 세상이다. 누구에게나 똑같은 권리와 의무를 부여하여 차별
이 없는 세상을 만든다면 더할 나위가 없이 좋겠지만, 세상은

그리 호락호락하지 않다. 더구나 지금처럼 하루하루 살아가기가 각박한 세상이라면 평등한 세상을 갈구하는 마음은 더 커질 수밖에 없다.

하지만 어느 시대의 어느 상황이건 그 시대에 대한 불만의 표출은 늘 존재해왔다. 모든 사람의 모든 요구조건을 충족시키기는 어려운 것이다. 그럼에도 불구하고 오늘보다는 내일이 더 좋아질 것이라는 희망이 존재하기 때문에 어제도 일어섰고, 오늘도 일어섰으며, 내일도 일어서기 위해 노력하는 것이다.

이러한 노력은 시인에게도 마찬가지이다. "알량한 지식은 목숨을 건 비약을 통해 강의가" 되고, 이러한 "강의는 또다시 목숨을 건 비약을 통해 상품이 된다 한 시간에 삼만팔천 원 또는 사만오천 원 운이 좋으면 육만이천 원"이 되기도 한다. 시인의 "감성과 느낌과 헛소리가//시가 되기도" 하지만, 이 "역시 목숨을 건 비약이다 그 시들이 원고료가 되고 시집으로 묶여 한 권에 팔천 원 구천 원 또다시 비약한다 상품이 되어 진열"(「비약 삐약삐약」)되는 것이다.

"태어나 보니 사람의 가죽을 쓰고 있었"던 시인의 가죽은 이미 "늘어났고 늘어졌다 꺼끌꺼끌 잡티도 많고 군데군데 쭈그러들었다". "새로 태어났으면 가죽 값을 해야 한다고 거듭거듭 이야기"하지만, 이런들 저런들 시인에게는 아무 상관이 없다. "다 쓰고 반납할 때 개수만 맞으면"(「가죽」) 되기 때문이다. 시인에게도 지나온 청춘의 시간들이 있었을 것이다. 이 시간들이 지나고 지금은 늘어지고 쭈그러든 가죽을 갖게 되었다. 시인은 슬픔을 슬프다고 말하지 않는다. 도리어 "반납할 때 개수만 맞으면 된다고" 위트 있고 유연하게 대처한다.

시인의 삶은 평범하다. 대한민국의 건강한 국민 대부분 그러하듯, 평범한 삶을 살아가고 있다. 시인의 이러한 평범한 삶에 정이 가고 마음이 움직인다. "아버지와 어머니와 할머니와 할아버지들이 중복되어 거듭되고 거듭되어" 나타난 시인은 "중복의 결과"(「나는 거듭거듭」)이다. 이러한 시인은 "죽을 고비를 넘긴 적도 없고 배가 고파 누이를 판적도 없어 아버지는 정권에 빌붙은 적도 저항한 적도 없고 어머니는 평생 전업주부"(「언젠가 가겠지 푸르른 이 청춘」)로 생활하였다. 이러한 가정에서 시인은 "뿌린 대로 거두었고 지금도 뿌리는 중이다"(「나에게는 일장일단이 있다」).

"남산 위의 저 소나무가" 시인을 지켜줄 것이라 생각하고 "한밤중에/카드를 긋는다". 그것도 강남에서 청주까지 택시비를 "내리긋는다". 카드를 그으며 주문을 외운다. "대한 사람 대한으로/이 정도쯤이야" 괜찮을 것이라고 말이다. "한동안만 죽은 듯이 살면/대한 사람이 대한에서"(「밝은 달은 우리 가슴 일편단심」) 별일 없을 것이라고 스스로 위안한다.

시에서 '봄'은 희망의 다른 이름이다. "늘 오던 봄이/올해는 어떻게 왔을까? 나는/우리는 올해 어떻게/봄을 맞이했나?"(「금년에 봄은 어떻게 왔는가?」) 봄은 우리에게 늘 찾아온다. 늘 오는 봄을 과연 우리는 어떻게 맞이했던가? 이 겨울이 지나면 또다시 봄이 찾아올 것이다. 시인의 숨겨진 바람대로, 돌아오는 이번 봄은 상쾌하고 유쾌했으면 싶다. 지금 여기는 "무궁화 삼천리/화려강산"(「밝은 달은 우리 가슴 일편단심」)이기 때문이다.

　박순원 시인은 본연이 유쾌하고 상쾌한 사람이다. 이 유쾌함과 상쾌함에 통쾌함까지 숙성되어 시 속에 고스란히 들어와 있다. 시가 곧 시인이고, 시인의 일상이 곧 시로 발현되어 나타나고 있다.

운명에 대한 사랑
—나병춘론

　나병춘 시인은 1994년《시와시학》신인상으로 등단하였다. 『새가 되는 연습』(우리글, 2005), 『하루』(우리글, 2006), 『어린왕자의 기억들』(시학, 2008), 『쉿!』(시학, 2019) 등 네 권의 시집과 시선집 『자작나무 피아노』(시선, 2019)를 상재하였다. 현재는 숲해설가로 활동하면서 '詩和評시인학교' 교장으로 봉사 중이다. 네 번째 시집 『쉿!』은 연작시가 돋보이는 시집이다. 시인은 연작시를 통해 하나의 주제를 깊이 있게 들여다본다. 하나의 주제를 깊이 있게 들여다본다는 것은 그만큼 치밀하게 생각한 결과가 반영되었다는 것을 함의한다. 자연과 사물, 사람을 응시하는 관조적인 시인의 시선이 시집 곳곳에 깊게 스며있다.

　「아모르 파티」 연작시에는 주위에서 쉽게 접할 수 있는 소재들이 담겨 있다. 주위에서 쉽게 접할 수 있으나 세심한 관찰력을 기울이지 않는다면 놓치고 마는 것들이 모여 시가 되고 있다. '아모르파티(Amor Fati)'는 독일의 철학자 니체가 말한 운명애(運命愛)를 의미한다. 이는 라틴어 아모르(Amor)와 파티(Fati)가 결합된 말이다. 아모르는 사랑을 뜻하고, 파티는 운명을 뜻한다. 시인이 「아모르 파티·1」의 각주에서 밝히고 있듯이 니체의 저서인 『즐거운 지식』에 나온 개념이다.

즉 아모르 파티는 자신의 운명을 사랑하라는 의미이다. 자신의 운명을 사랑하고 받아들인다는 것은 결코 쉽지 않은 일이다. 밝고 긍정적인 기운이 비친다면 자신의 운명을 사랑할 수 있을 것이다. 하지만 삶에는 한 가지의 길만 있는 것이 아니다. 때로는 우울하고 예측하지 못한 일들이 발생하기 마련이다. 니체는 예측범위에서 벗어난 이러한 고난과 시련도 자신의 운명으로 겸허하게 받아들여야 한다고 말한다.

다음의 시 「아모르 파티·2」에는 이와 같이 자신에게 다가오는 어떠한 운명이라도 굳게 맞서고자 하는 시인의 의지가 담겨 있다.

감당 못할 마그마
활화산 같은
성난 맹수의 포효 같은
아득히 밀려드는
광풍의 해일 같은
아무도 어쩌지 못할
운명,
오도 가도 못할
아모르 파티

뚜벅뚜벅 걸어가리

낙타처럼

용감무쌍하게 맞으리

무소의 뿔처럼

기쁘게 맞이하리

철부지 아이처럼

운명아

어서 오너라

아모르 파티

—「아모르 파티 2」 전문

  시인은 운명을 거스르지 않는다. 거부하지도 않는다. "아무
도 어쩌지 못할" 운명이라면 당당히 기쁘게 맞서리라고 다짐
한다. 오히려 "어서 오너라"라고 두 팔 벌려 가득 운명을 받아들
인다. 운명은 내가 거부한다고 오지 않는 것이 아니다. 받아들
일 수 있는 운명이든 받아들일 수 없는 운명이든 나에게 당도하
게 될 운명은 결국 언젠가는 오게 된다.

  활화산같이 뜨겁고 위험하며, 성난 맹수처럼 울부짖고, 사나
운 바람으로 해일이 오더라도 시인은 이를 운명이라 여긴다. 니
체의 말처럼 자신에게 닥친 고난도 겸허히 받아들이는 것이다.
그리고 이를 관망하는 것이 아니라, 적극적으로 맞서고자 한다.
"낙타처럼/용감무쌍하게" "무소의 뿔처럼/기쁘게" "철부지 아

이처럼" 해맑게 맞이한다. 나의 운명아 "어서 오너라"라고 말이다.

이 운명은 나비의 삶으로 옮겨간다. 「아모르 파티·4」에 등장하는 나비는 "사랑을 찾아 눈 먼 자"로 "운명을 사랑하는 자"이다. "아무도 못 말리는 춤사위"를 가지고 있지만 "멈출 때를 아는/미학주의자"로 자신의 운명에 순응하기 때문에 나비의 "앞길 막을 자"가 아무도 없다. 따라서 시인은 이 나비를 "교과서로 삼아" "그 일거수일투족에 목을 매"라고 하는 것이다. "메멘토 모리" 자신의 죽음을 기억하며 "죽을 때도 흔적 없이/바람 속으로 날아가"기 때문이다.

비움 또한 운명이다. 「아모르 파티·5」에서는 텅 빈 공간에 대해 이야기한다. "비움은 쉼을 낳고/밥을 낳고/잠을 낳고/그 모오든 들숨을 낳으니/만병통치의 조상"이다. 비움은 만물의 근원인 "새끼들이며/잎사귀이며/줄기 뿌리이다". 때문에 이 모든 것들이 "생로병사의 열쇠이며/평화의 지름길이며/자유의 징검다리/삶의 지극한 오르가즘"으로 비상할 수 있다. 비움과 채움은 하나의 연장선 위에 놓여 있다. 비우는 것은 속에 든 것을 없애는 것이고, 채우는 것은 가득 담는 것을 뜻한다. 비우는 것이든 채우는 것이든 누가 대신해줄 수 있는 일은 아니다. 스스로 해야 하는 일이다. 채워야 비울 수 있고, 또 잘 비워야 다시 채울 수 있을 것이다. 따라서 "맘껏 비움과 채움을 누리"고, "마음껏 놀고 배우고/꿈꾸며 사랑하라"고 시인은 이야기한다. 말하는 그대로 다 이루어진다는 금강경의 "아라바자나/디디디 디 디디디디디"라고 주문을 외우며 말이다.

이 외에도「아모르 파티·6」에서는 "아무도 가질 수 없는/허무의 알 수 없는 무게"인 "무욕한 먼지"에 대해 이야기한다. 먼지를 통해 무욕과 허무를 읽어내는 시인의 혜안이 돋보인다.「아모르 파티·8」은 사랑이자 이별이고, 잃어버린 꿈인 맨발을 가진 '파도'를 통해 삶을 들여다본다.

「고비」 연작시에서 '고비'는 이중의 의미를 내포하고 있다. 고비사막이라는 공간적 배경이자, 삶의 곳곳에 숨어 있는 넘어야 할 위기이다. 넘어야 할 고비는 곳곳에 자리하고 있다. 운명을 잘 극복하는 것도 고비를 잘 넘기는 일에 해당한다.

능선 위에
영원이 누워 있다
어둠이 누워 있다
별들이 내려와 눕는다
영원밖에
아무것도 없는 모래언덕,

영원은 영 원,
제로다
돈이 필요 없는
삶과 죽음이 없는
너와 내가 없는

절대 허무
동그라미

0원으로 누워서
공짜로 공기를 마신다
공짜로 별과 달을 마신다
내일 아침엔
공짜로 해가 뜰 것이다
영원인 것은 늘 0원이다
소소리바람처럼
그 바람에 휩쓸려 날아오르는
독수리처럼
단지 그곳에서 노래하고 춤추리라

—「고비·6」 전문

　이 시에서 시인이 놓여 있는 공간은 고비사막이다. 이곳에서는 저 멀리 어둠 속, "능선 위에/영원이 누워 있다". "영원밖에/아무것도 없는 모래언덕"에 별들이 조용히 내려와 눕는다. 이곳에서는 돈도 필요 없고 삶과 죽음 또한 필요 없다. 너와 나도 존재하지 않는다. "절대 허무/동그라미"만 있을 뿐이다. 따라서 "공짜로 공기를 마"시고 "별과 달을" 마실 수 있다. 심지어 내일 아침에도 "공짜로 해가 뜰 것이다".
　고비사막은 몽골에 있는 사막이다. 이곳에 사는 사람들은 환경적 특성으로 유목 생활을 한다. 낙타와 염소, 양 들을 키우기 위해 목초지를 찾아 늘 이동하며 산다. 한곳에 오래 머물면 그곳의 목초가 모두 훼손되기 때문이다. 다음을 또 기약하기 위하여 욕심을 버리고 때가 되면 스스로 옮겨 다닌다. 이때 유목민들은 자신의 흔적을 남기지 않고 이동하여 다닌다고 한다. 흔적이 남으면 언젠가는 다시 돌아와야 하고, 돌아오기 위해서는 무언가 더 많은 흔적을 남기려 할 것이다. 시인은 고비사막과 같이 이처럼 오염되지 않고 순수하고 욕심이 없는 공간을 염원한다. 시인이 바라는 이러한 공간은 삶의 공간이기도 시의 공간이기도 할 것이다.

「돌」 연작시에서 나타나는 '돌'은 시인 자신을 의미한다. 「돌·1」에 시인은 날아가고 싶은 돌멩이로 등장한다. "도대체 마음이란 요상한 돌은//어디로 가는"(「돌·2」) 것일까. "오늘도/새벽을 홀로 달"리는 시인은 "돌과 달 사이/그 아득한 거리를/헤매는 중이다"(「돌과 달」). 이런 시인에게 어느 날 아주 비밀스럽게 봄이 찾아온다.

이건 비밀인데요

봄이 날 품었다
알 수 없는 통증이
쓰나미로 밀려와 메아리쳤다

몸에서 새치름히 새싹이 돋아났다

한참 후 붉은 꽃이 피었다

봄이 씨익
웃는다
―「쉿!」 전문

　시인은 비밀을 한 가지 털어놓는다. 그 비밀은 다름 아닌 봄이 시인을 품은 것이다. 봄이 시인을 품었으니 "몸에서 새치름히 새싹이 돋아"나는 것은 당연한 이치이리라. 봄은 만물이 소생하는 시기이다. 차가운 겨울 내내 움츠렸던 씨앗들이 발화하여 꽃을 피우는 시기이다. 그런데 통증 없이 싹이 돋고 꽃을 피우는 요행을 바랄 수는 없다. 우리의 삶에서 고통과 인내 없이 얻어지는 것은 없는 것과 같은 이치이다. 적당한 바람과 적당한 기온이 새싹이 돋아날 수 있는 밑거름이 되어 준다. 그러면 머지않아 "붉은 꽃"이 피어나게 된다. 고통을 이겨낸 기나긴 시간이 지나고 꽃이 피면 "봄이 씨익/웃는다". "쉿!". 이때 주의가 필요하다. 봄이 웃었다는 건 비밀이기 때문이다. 동화적 상상력이 봄과 새싹과 꽃을 더 간질간질 돋보이게 한다. 이와 같이 시인이 털어놓은 비밀에는 자연의 이치와 삶의 이치가 함께 담겨 있다. 시인은 자연에 우리의 삶을 투영하여 보여준다.

　마지막으로 시인은 이와 같은 자신의 시쓰기를 '주름살'에 비유한다. 시인의 시작(詩作)은 다음의 시를 통해 확인할 수 있다.

내가 백지에 글자를 심는 일도

이랑에 씨앗을 뿌리는 일이다

행간과 행간 사이 새로운 입술을 만들어 속삭이면

들판에 쟁기를 가는 소처럼

주름들이 메아리치기 시작한다

새로운 눈과 귀가 생기고

난데없는 파도가 일어나고

먹구름이 북동쪽으로 미끌어지더니

뜬금없는 소낙비가 좍좍 긋는다

삶은 끊임없이 주름살을 만드는 것

들판에 죽죽 그어지는 살이랑들

백지에 아롱거리는 피어린 눈물방울들

이마에 주름지듯 바람결에 일어섰다

낌새도 없이 스러진다

―「주름살」 부분

　나병춘 시인이 시를 쓰는 것은 "이랑에 씨앗을 뿌리는 일"과 같다. 농사를 짓기 위하여 "농부가 쟁기를" 갈아 "들판에 주름을 만드는" 것처럼 시인도 한 글자 한 글자 정성을 들여 "백지에 글자를 심는"다. "행간과 행간 사이 새로운 입술을 만들어 속삭이면" "새로운 눈과 귀가 생"긴다. 물론 새로운 눈과 귀가 생기기까지는 "백지에 아롱거리는 피어린 눈물방울들"과 "바람결"이라는 고통이 따랐을 것이다. 때문에 "삶은 끊임없이 주름살을 만드는 것"이다.

굽이진 주름은 삶의 내력이다. 수많은 우여곡절이 모여 만든 주름은 삶을 더 단단하게 만들었을 것이다. 이 주름은 나이가 들었다는 의미이기도 하지만, 지나온 시간이 차곡차곡 누적되어 만들어진 연륜과 지혜가 내포되어 있다. 나이가 든 만큼 많은 경험이 그 안에 숨어 있는 것이다. 농부가 주름처럼 밭에 이랑을 만드는 것과 시인이 그 주름 속에 한 땀 한 땀 글자를 심는 이미지가 자연스럽게 연결되고 있다.

또한 시인은 「언어」라는 시에서 '언어'를 '연어'에 비유하기도 한다. 연어는 "머나먼 난바다로 갔다가"도 산란기가 되면 다시 고향으로 돌아온다. 연어가 다시 고향으로 돌아오는 이유는 그곳이 시원지이기 때문이다. 본디 연어는 자신이 태어난 강으로 다시 돌아오는 모천회귀성 어류이다. "수많은 시인과 화가 음악가 들이" 다시 고향으로 돌아오는 연어와 같이 "싱싱한 언어를 찾아" 헤매지만 쉽게 발견되지 않는다. "다만 그 언어라는 물고기 지느러미를 느껴본 자는/어린아이뿐"이다. 어린아이라는 처음의 맑고 순수한 영혼을 가진 자에게만 보이는 것이다. 때문에 시인은 "아무도 본 적 없는" 물고기 즉, 시원의 언어를 갈구하기 위해 오늘도 고군분투한다.

시의 언어를 찾아가는 과정은 힘든 여정이다. "실패와 실패를 감고 품시롱/날밤을 꼴딱 새우며/한 발짝 한 발짝" 다가서

야 하는 과정이다. 그럼에도 불구하고 시인은 "가슴 한복판에/
피 철철 흘리며/바르르 쓰러지고" 싶어 한다. "붉은 과녁 중심
에/한 발이라도 제발," "명중하고 싶"(「시인의 말」)어 한다. 이
는 곧 어떠한 고난과 시련이 닥치더라도 굳건히 시의 길을 걷고
자 함을 의미한다. 시를 쓰는 거룩한 일 역시 운명이라 생각하
고 겸허히 받아들인다. 시인으로서의 이러한 운명은 견고한 시
인의 시선을 통해 시 속에 그대로 투영된다. 나병춘 시인은 과
도하게 감정에 이입되기보다는 한 걸음 뒤에서 관조하고 이를
포착하여 섬세한 언어관으로 그려내고 있다.

생활에서 발견한 삶의 지혜
—이은봉론

　　이은봉 시인은 1983년《삶의문학》제5집을 통해 평론가로 등단하고, 1984년 창작과비평사 17인 신작시집『마침내 시인이여』를 통해 시인으로 등단하였다. 1986년 첫시집『좋은 세상』발간 이후『봄 여름 가을 겨울』,『절망은 어깨동무를 하고』,『무엇이 너를 키우니』,『내 몸에는 달이 살고 있다』,『길은 당나귀를 타고』,『책바위』,『첫눈 아침』,『걸레옷을 입은 구름』,『봄바람, 은여우』,『생활』까지 총 11권의 시집과 다수의 평론집 및 시선집을 상재하였다. 유심작품상, 카톨릭문학상, 질마재 문학상, 송수권시문학상, 시와시학상 등을 수상한 바 있다.

　　이은봉 시인은 어느덧 원로 시인으로서 광주대학교 문예창작과 교수직을 퇴직하고 현재는 세종시에서 생활하고 있다.《세종시마루》주간, 세종인문학연구소 소장, 대전문학관 관장으로 지내며 퇴직 후에도 바쁜 일상을 보내고 있다.『생활』은 정년퇴임 후 첫 번째 발간한 시집으로 이러한 바쁜 일상과 더불어 퇴직하기 전 오랫동안 생활하였던 광주의 풍경이 담겨 있다. 시인은 편편의 시를 통해 시인이 살아가는 이야기를 들려주고 있다.

이은봉 시인은 리얼리스트로 현실의 문제를 간과하지 않는다. 이때의 현실 인식에 대한 문제는 거시와 미시 모두를 포함한다. 크게는 사회의 구조적인 문제에 대해 작게는 한 개인으로서 자각해야 할 것들을 놓치지 않는다. 이 자각은 삶을 바라보는 예리한 시선에서 나타난다. 시인은 나날의 생활이 이루어지는 구체적인 삶을 놓치지 않고 첨예한 시선으로 바라보며 인간의 본성에 귀 기울이고자 한다. 그 연장선상 위에 『생활』이 놓여 있다고 할 수 있겠다.

'생활'은 사람이 일정한 환경에서 활동하는 것 또는 생계를 꾸려 나가는 것을 뜻한다. 나날의 삶을 살아내기 바쁜 현대인들에게 '생활'이라는 단어는 생계를 유지하기 위한 수단으로 작용하는 경우가 더 많다. 물질적인 생활도 중요하지만 정신적으로 보다 더 나은 생활이 이루어지기 위해서는 끊임없는 노력이 필요하다. 시인이 말하고자 하는 생활 역시 사물의 본성을 유지하며 정신적으로 더 나은 삶을 살아가고자 하는 것이다. 즉 인위적으로 거스르며 사는 삶이 아니라 자연적 본성에 따르며 사는 삶을 지향하는 것이다.

우리 집 거실 귀퉁이에는 무말랭이가 마르고 있다
얼마 전까지만 해도 감말랭이가 마르던 곳이다 땅콩알이 마르던 곳이다 은행알이 마르던 곳이다 구린내를 풍기며
인삼주도 더덕주도 호박덩이도 함께 마르고 있는

우리 집 거실 귀퉁이

고향을 떠난 지 도대체 얼마인가

농촌을 떠난 지 도대체 얼마인가

대도시 아파트에 살면서도 나와 아내는 여태껏 농촌을 떠나지 못하고 있다 고향을 오가며 살고 있다

좁아터진 거실 이곳저곳을 오가며 오늘도 아내와 나는 습관처럼 자연에서 준비해온 먹거리들을 다듬고 있다

이것들 다 나날의 목구멍이 시킨 것이지만, 나날의 생활이 시킨 것이지만……

목구멍보다, 생활보다 더 중요한 것이 어디 있으랴.

—「생활」전문

이 시의 공간적 배경은 시인의 집 거실 귀퉁이이다. 이곳에서는 늘 무엇인가가 말려지고 있다. 감말랭이, 땅콩알, 은행알, 인삼주, 더덕주, 호박덩이가 그것이다. 시인의 시선은 자연스럽게 바닥에 놓여 있는 것들을 향해 간다. 바닥은 우리가 발 딛고 서 있는 곳으로 모든 활동이 이루어지는 원동력이 된다. 인간은 바닥을 딛고 일터로 향하고, 바닥을 딛고 음식을 먹으며 바닥 위에서 활동을 이어나간다. 시인은 이와 같이 바닥에 놓여 있는 사물도 그냥 지나치지 않고 시로 형상화하여 보여준다.

시인은 고향과 농촌을 떠나 산 지 오래이다. "대도시 아파트에" 살고 있는 이러한 시인에게 바닥에서 말려지고 있는 것들은 고향이자 농촌이며 생활이다. 시인의 고향인 농촌은 유년의

시절을 보냈던 따뜻한 기억이 살아 숨 쉬는 공간이다. 생각만으로도 마음이 따뜻해지는 그런 곳 말이다. 이러한 고향이 시인의 집 "거실 귀퉁이에" 들어와 있는 셈이다. 시인은 오늘도 아내와 함께 "습관처럼 자연에서 준비해온 먹거리들을" 다듬으며 거실 곳곳을 오간다. 이것들은 모두 "나날의 목구멍"과 "나날의 생활"이 시킨 것이지만, "목구멍보다, 생활보다 더 중요한 것"은 없을 것이다. 이 모든 것들이 시인의 생활이다.

광주역 근처 '김밥천국'에서
급하게 김밥 두 줄 산다
검정 비닐봉지에 담겨 있는 김밥 두 줄
왼손에 들고 역을 향해 뛴다
오른손에는 오래된 검정 가죽가방
덜레덜레 들려 있다
막 출발하는 KTX 역방향에
철푸덱이 주저앉는다
검정 비닐봉지를 펼쳐
설움 두 줄 먹어치운다
자동판매기에서 뽑혀 나온 생수병이
주둥이를 향해 거꾸로 쑤셔 박힌다
졸음 쏟아져 내리는데
이 고마움 누구에게 표해야 하나
오늘도 눈물 두 줄의 힘이
나를 서울로 밀고 간다

서울에는 무엇이 있나
아내와 자식들이 있다 사랑이
달리는 고속열차 역방향에 쪼그리고 앉아
깜박 잠든 채 꿈꾼다 천국을.

—「김밥 두 줄」 전문

시인의 바쁜 일상이 그대로 전해지는 시이다. 하루 일정을 마친 시인이 아내와 자식들이 있는 서울로 급히 출발하는 상황이다. 한 손에는 김밥 두 줄을 들고, 다른 한 손에는 가방을 들었다. 열심히 뛰어 "막 출발하려는 KTX 역방향에" 간신히 탑승하였다. 빠른 속도로 이동하는 KTX와 허겁지겁 뛰는 시인의 모습이 중첩되고 있다.

"광주역 근처 '김밥천국'에서/급하게" 산 "검정 비닐봉지에" 담긴 김밥은 시인에게 일용할 양식이다. 양식 김밥 두 줄은 시인에게 '설움'이자 '눈물'이다. "설움 두 줄 먹어치운" 그 힘으로 "눈물 두 줄의 힘"으로 앞을 향해 밀고 나간다. 시인이 가고자 하는 그곳에는 아내와 자식과 사랑이 있다. 아내와 자식과 사랑은 힘들지만 시인이 앞을 향해 나아가는 이유이기도 하다. 배를 채운 시인은 "달리는 고속열차 역방향에 쪼그리고 앉아/깜박 잠"이 든다. 꿈속에서 잠시 천국에 다녀온다. '김밥 두 줄'이 '천국'으로 승화되는 순간이다. 밥 한 끼도 제대로 먹지 못하는 바쁜 삶의 일상에서도 시인은 시의 끈을 놓지 않는다.

본디 "상처는 쉽게 아물지 않"는다. "한바탕/곪아 터지고 난 뒤에나 겨우"(「파문」) 아무는 것이 상처이다. 상처는 두려움의 대상이기도 하지만 이 상처의 시간이 지나면 더 단단해질 수 있다. 추운 겨울이 지나 따뜻한 봄이 오는 것처럼 말이다. "겨울은 본래 갈피마다 무엇인가를 숨기고 감추는 계절"이다. "갈피를 잃어버려 다시는 꺼내지 못하더라도 가슴 깊이 그것을 저장해 두는 것은 아름다운 일이다"(「겨울의 갈피」). 이 과정이 지나야 봄이 오고 열매를 맺을 수 있기 때문이다. 시인은 이와 같이 상처를 두려워하지 않고 담담하게 받아들인다. 아픔의 시간을 겸허히 받아들이는 것이다.

이 겸허한 시간들이 모여 한 편 한 편의 시가 되고 있다. 인간은 누군가에게 상처를 주기도 하고 상처를 받기도 한다. 이 상처의 극복 뒤에는 고통도 있지만 기쁨이 함께 할 것이다. 이는 다음의 시를 통해 확인할 수 있다.

삶은 달걀이라고, 아니
삶은 계란이라고, 아니
부화될 수 없는 생이로군
깨고 나올 수 없는 꿈이로군
그렇지 삶은 알이지
그렇게 생각한 적 있지
깨고 나와야 할 알
그렇게 괴로워한 적 있지
난생은 슬프지, 아니

난생은 아프지, 아니

삶이 계란이면 좋겠지

삶이 달걀이면 좋겠지

껍질을 까 소금에 찍어 먹으며

버틸 수 있으니까

버틸수록 아픈 것이 삶이지

그렇지 삶은 고통이지, 아니

그렇지 삶은 기쁨이지, 아니.

—「삶은 달걀이라고」 전문

삶은 달걀도 계란도 아니다. 삶은 "부화될 수 없는 생"이자 "깨고 나올 수 없는 꿈"이다. 껍질을 깨고 세상을 향해 힘차게 밖으로 나오는 것은 당연한 이치이다. 하지만 껍질을 깨고 나올 수 없다면 얼마나 절망적인가. 시인은 한때 삶은 "깨고 나와야 할 알"이라고 생각하며 괴로워한 적이 있다. 누군가 껍질을 깨서 꺼내주는 것이 아니라 험난하더라도 스스로 헤쳐 나와야 하는 것이 삶이다. 누군가 대신할 수 없는 생이기에 어쩌면 스스로 깨고 나오는 것이 더 값진 일일 것이다. 하지만 알을 깨고 나온다고 해서 늘 행복만 존재하는 것은 아니다. 삶은 태어나는 순간 고난의 연속이기 때문이다. 결국 고통과 기쁨이 공존하는 것이 우리의 삶이다.

멀리 풍장 치는 소리 들린다

팔월도 한가위
산마을 아득한 골짜기 저쪽

색동옷 곱게 차려입은
어린아이 둘……

젊은 엄마를 따라
묏등 앞 오가며 상을 차린다

조촐한 가족, 두 번 절하고
음식 나누는 동안
산까치, 참나무 끝에 날아와 운다.

—「조촐한 가족」 전문

　이 시의 시간적 배경은 한가위 무렵이다. 한가위는 음력 8월 15일로 햇곡식과 햇과일로 차례를 지낸다. 올 한 해도 무사히 농사를 짓고 무탈하게 지낼 수 있도록 해준 조상님들께 감사의 인사를 하는 것이다. 이날은 각자의 생활로 서로 바빴던 가족과 친척이 모두 모이는 날이기도 하다. 가족들이 모두 모인 이러한 북적북적한 분위기는 "멀리 풍장 치는 소리"가 대신한다. 풍장 치는 소리는 꽹과리, 북, 징, 장구와 같은 풍물을 치는 소리이다. 어디선가 농악놀이가 한창 벌어진 모양이다.

　이 흥겨운 분위기와 달리 "산마을 아득한 골짜기 저쪽"에는 들리지 않는 울음소리가 있다. 무슨 연유에서인지는 모르겠으나 시 속에 등장하는 이 가족 구성원은 완전체가 아니다. 젊은 엄마와 "색동옷 곱게 차려입은/어리아이 둘"로 이루어진 "조촐한 가족"이다. 엄마는 "묏등 앞 오가며 상을 차"리고 세상물정 모르는 아이들은 엄마를 도우며 어지럽게 돌아다니는 풍경이 눈앞에 선연하게 그려진다. 상을 차리고 "두 번 절하고/음식을 나누는 동안" 산까치가 "참나무 끝에 날아와 운다". 이때 '운다'는 것은 중의적 의미가 내포되어 있다. 까악까악 산까치가 운다는 의미와 함께 어린아이 둘의 미래를 책임져야 하는 젊은 엄마의 속울음이 그것이다. '색동옷'과 '젊음'의 이미지가 쓸쓸한 분위기와 대비되어 시를 더 슬프면서도 안타깝게 한다.

이 시집에는 광주에서의 소회가 담겨 있기도 하다. 광주는 시인이 삼십년 넘게 학생들을 가르치며 거주하였던 곳이다. 지금은 광주대학교에서 퇴직을 하고 세종시로 거처를 옮겼지만 시집 곳곳에 광주에 대한 단상이 담겨 있다. 생활의 공간은 변화하였지만 삼십 년이라는 긴 시간을 함께 하였던 광주에서의 시간을 반추하고 있다고 할 수 있겠다.

「붉은 고양이」에는 시인이 오랫동안 거주하였던 '진제마을'이라는 공간이 등장한다. "진제마을 늦은 밤 시간/쓰레기더미를 뒤지다가/불쑥 튀어나"온 붉은 고양이는 "사람들한테 버려지고서도/사람들 곁/끝내 떠나지 못"한다. "들끓는 제 가슴/차마 어쩌지 못하"고 "여기저기 떠돌고 있"는 붉은 고양이. 이 고양이는 실제 밤거리를 배회하는 고양이이기도 하지만 사람들에게 상처받고도 사람의 곁을 떠나지 못하는 시인 자신이 투영되어 있기도 하다. 이 "진제마을 가로등 불빛은 어머니의 마음을 갖고 있다 너그럽고 넉넉한 사랑을 갖고 있"(「가로등 불빛」)는 것이다.「궁시렁 할머니」에서는 "진월동 서라 아파트"에 혼자 사는 할머니에 대한 걱정이 담겨 있다. 아파트 복도를 "반갑다고 기웃대던 궁시렁 할머니"는 "달포 전 계단에서 낙상해" 깁스를 하였다. 보여야 하는 할머니가 보이지 않자 혹여 다른 곳도 아픈 건 아닌지 마음이 쓰이는 것이다.

시인은 사회적 문제에도 귀를 기울인다. "지금은 겨우 비행기를 타고"가야 하는 곳이지만 머지않아 "반드시 기차를 타고 갈"(「기차를 타고 갈 거야」) 것이라고 통일에 대한 열망을 이야기하기도 한다. 이와 함께 서울살이의 삭막함을 토로한다. 화려한 도시의 보이지 않는 뒷골목에는 많은 것들이 감추어져 있다. "비정규직의 젊은이들/햄버거 하나로 점심 때우는 곳"이 뒷골목이다. 뒷골목은 "꿀꺽 삼키는 눈물"이 "가슴 속 깊은 강물을 만드는 곳"(「뒷골목—서울」)인 것이다. 시인은 이러한 사회적 문제도 그냥 넘어가지 않고 시를 통해 시대의 아픔을 함께 하고자 한다.

시는 이야기, 이미지, 정서로 이루어진다. 이은봉 시인의 시에는 이야기와 이미지, 정서가 모두 선명하게 나타난다. 어느 것 하나에 치우쳐 있는 것이 아니라 세 개의 요소가 적절하게 어우러져 시를 이루고 있다. 이는 시인의 구체적인 생활과 시가 하나를 이루고 있기 때문에 가능한 것이다. 생활이 곧 시가 되고 시가 곧 이은봉 시인의 삶이 된다.

시인의 삶에서 연유되는 시는 나날의 구체적인 모습들을 보여준다. 구체적인 모습을 보여준다고 하여 감정을 여과 없이 직접적으로 토로하는 것은 아니다. 객관적인 형상화를 유지하며 보편적인 감정을 토로한다. 이러한 일상의 구체적인 모습은 시인의 견고한 통찰과 생활에서 발견한 삶의 지혜에서 비롯된다. 또한 사물과 주위를 바라보는 따뜻한 연민의 마음에서 비롯된다고 할 수 있다.

문명과 자연
─성배순론

　성배순 시인은 2004년《경인일보》신춘문예와《시로 여는 세상》신인상을 수상하며 등단하였다.『한 알의 모래를 보탠다』는『어미의 붉은 꽃잎을 찢고』,『아무르호랑이를 찾아서』,『세상의 마루에서』이후 4번째 시집이다. 시집은 총 3부로 구성되어 있는데, 1, 2부에는 33편의 시가 담겨 있다. 그리고 시집의 3부에는「아홉 거리에서 신랑이 바뀐 줄도 모르고」,「대왕의 눈물, 세종시에 스미다」,「전월산 용천의 버드나무가 된 미르」의 세 편의 시극이 담겨 있어 다채로운 내용을 확인할 수 있다.

　이번 시집의 서막은 현대문명에 대한 비판으로 시작된다.

> 남편과 등을 맞대고 누워
> 각자 지혜로운 폰을 매만진다.
>
> 자? 내 폰 갤럭시가 은하를 건너
> 그의 폰 갤럭시에게 묻는다.
>
> 아니 왜? 그의 갤럭시가 은하를 건너
> 내 갤럭시에게 대답한다.

할 껴? 몰러! 선문답이 오간다.
인류의 오랜 소통이 시작된다.

각자 잠든 뒤에도 휴대폰에 남은
신인류의 사랑법은 계속된다.

—「여보세요-포노사피엔스」전문

포노사피엔스는 호모사피엔스에 빗댄 말로 스마트폰 없이 살아가는 것을 힘들어하는 사람들을 지칭하는 말이다. 2015년 2월 28일 영국에서 발행되는 시사주간지《이코노미스트》는 우리 시대가 '포노사피엔스' 시대가 되었다고 공표한 바 있다. 스마트폰은 인간이 가는 곳이면 어디든 동행한다. 식당에서도, 책상에서도, 침대 머리맡에서도 심지어 화장실에서도 스마트폰을 놓지 않는다. 스마트폰의 사랑은 인류의 사랑법 또한 바꾸었다.

그렇다면 인류에게 스마트폰이란 무엇일까. 스마트폰이라는 문명의 발달은 인류에게 편리함을 제공하였다는 것은 엄연한 사실이다. 하지만 자칫 방심하는 순간 우리는 스마트폰의 노예가 된다. 이른바 스마트폰이 없을 때 초조해하거나 불안감을 느끼는 노모포비아 증상을 나타내는 것이다. 말 그대로 손에 스마트폰이 없으면 안절부절못하게 된다. 인간이 스마트폰을 지배하는 것이 아니라, 도리어 스마트폰이 인간을 지배하는 시대가 되어버린 것이다. 이러한 상황을 시인은 그냥 간과하지 않는다.

　같은 공간 안에 있으면서도 실제 음성을 통한 대화 대신 스마트폰으로 서로의 의사를 묻는다. 남편과 함께 있지만 "각자 지혜로운 폰"만 매만지며 서로 "등을 맞대고 누워"있다. "자?". "아니 왜?". "할 껴?" 어색한 침묵의 시간을 깨는 것 역시 "은하를 건너" 온 문명의 이기이다. "인류의 오랜 소통이" "선문답"처럼 오간다. 진리를 찾기 위해 주고받는 대화이든, 주어진 상황에 상관없이 주고받는 이야기이든 "각자 잠든 뒤에도 휴대폰에 남은/신인류의 사랑법은 계속된다."는 것은 여전한 숙제이자 우리가 풀어가야 할 책무일 것이다.

　「시인과 농부―그와 그녀의 사랑법」과 「시인과 농부―자연농법」에서는 자연과 상생하고자 하는 시인의 모습을 엿볼 수 있다. 「시인과 농부―그와 그녀의 사랑법」에서는 "풀잎 닮은 새끼 여치/쓰다듬다" "그만 다리 하나를 부러뜨"리고 만다. "이쁜 것은 그저 바라다 보아야만 하는 것을/왜 깜빡 잊었을까?"라고 마음 아파한다. 「시인과 농부―자연농법」에서는 비닐하우스 안에 고라니가 새끼를 낳은 이야기를 전한다. "눈을 동그랗게 뜨고" "젖을 먹던 새끼 고라니"의 눈동자를 모른 척할 수 없었던 시인은 결국 "이웃집 밭을 얻어" 작물을 심는다. 자연은 인간 삶의 일부이며, 함께할 때 진정한 가치가 있다는 것을 "풀꽃농장 주인"(「시인과 농부―그와 그녀의 사랑법」)인 시인은 조곤조곤 들려준다.

염소 울음소리 닭 홰치는 소리
웅얼웅얼 코란 읽는 소리
여행객 숙소 아침을 빗자루질한다.
새벽 4시 반, 쓰레기 처리장에 사는
빈자들에게 줄 도시락을 포장한다.

울퉁불퉁 길 양쪽으로 끝없이 펼쳐지는
칼자국이 선명한 희끄무레한 고무나무들
기다란 자루 하나씩 매달고 있다.
덜커덩덜커덩 나는 공중부양을 한다.
주먹밥과 유부튀김도 덩달아 솟구쳐 오른다.

저곳에서 아이가 생긴다면 100리는 도망갈 거야.
누군가의 이야기에 갑자기 침묵한다.
비쩍 마른 사내들과 아이를 양손으로 안은 아낙들이,
까르르까르르 벌거벗은 조무래기 아이들이,
거듭되는 침묵 앞에서 하얗게 웃는다.

비굴하거나 부끄러운 기색 하나 없이
보시의 기회를 주었으니 감사하라는 듯
지난 먼 어느 날에 받은 은혜를 갚으라는 듯
당당하게 줄 서서 오는 부탄의 탁발승처럼
맡겨놓은 듯 제 음식을 찾아간다.

―「한 알의 모래를 보탠다」 전문

시인은 코란을 읽는 나라를 여행중이다. "새벽 4시 반, 쓰레기 처리장에 사는/빈자들에게 줄 도시락을 포장"하는 시인은 한 알의 모래 즉, 미력한 힘이나마 보태고자 한다. 시인의 시선은 개인의 삶을 너머 세계의 곳곳으로 향한다. 빈자의 아픔, 소외된 자들의 슬픔을 보듬고자 한다.

"맡겨놓은 듯 제 음식을 찾아"가는 사람들에게 삶의 희망은 무엇일까. "저곳에서 아이가 생긴다면 100리는 도망갈" 것이라는 "누군가의 이야기에 갑자기 침묵"할 수밖에 없는 안타까운 현실 앞에 마음이 무거워지는 것은 어쩌면 당연한 일일 것이다. 지구촌 곳곳에는 아직 근대화가 되지 못한 나라들이 도처에 있다. 그들의 삶 또한 당연히 존중받아야 할 귀한 존재들이다. 그럼에도 불구하고 도외시되고 있는 상황에 시인은 '한 알의 모래'라도 보태고자 하는 것이다. 한 방울 한 방울 천천히 떨어지는 물방울이 커다란 바위를 뚫는다는 것을 시인은 간파하고 있다.

"붉노란 서쪽 하늘이/늙은 아기를 끌고 가는/보행기를 잡아당긴다".(「지구의 두 축」) 여기에서 보행기를 밀고 가는 사람은 노인이다. 이와 같이 시인은 나이 듦의 풍경도 놓치지 않는다. 「두 아기」에서는 "이가 다 빠진 구순의 노모"와 "윗니 아랫니 두 개뿐인 아기"의 모습을 대비시켜 삶을 지탱하는 두 축에 대해 보여준다. 이처럼 시인의 시선은 크고 화려한 것이 아니라 중심으로부터 소외되어 있는 것들을 향한다. 이를 증명해 보여주는 것이 어쩌면 시인의 책무이기도 할 것이다.

견고한 문제의식
―오충론

　　오충 시인은 2018년《한맥문학》에 시가 당선되면서 작품 활동을 시작하였다. 오충 시인의 첫 시집인『물에서 건진 태양』에는 65편의 시가 담겨 있다. 시란 당대의 현실을 반영하기 마련이다. 이에 시인은 사회 구조 속에서 발생하는 크고 작은 문제들로부터 자유롭지 못하다는 의미이기도 하다. 오충 시인 역시 마찬가지이다. 오충 시인의 이번 시집에는 코로나 19를 소재로 다루고 있는 시들이 여러 편 담겨 있다. 이는 시인이 사회를 바라보는 견고한 시각을 가졌다는 것을 함의한다.

　　죽기가 너무 싫어서 살았다.

　　살기 위해서 몸부림쳤다.

　　덤으로 얻은 생이라고 생각했다.

　　가끔은 덤이 더 많고, 맛있다.
　　　　　　　　　　　　　　―「산다는 것―덤으로 얻은」 전문

이 시집은 위의 짧은 시로 시작된다. 짧지만 짙은 의미를 함의하고 있는 이 시에는 그동안의 시인의 삶이 압축적으로 표현되어 있다. 몸이 좋지 않아서 "깊은 무의식의 늪에 풍덩"(「마취」) 빠졌다 나온 시인은 완쾌되고 난 후의 삶을 "덤으로 얻은 생"이라고 지칭한다. 그리고 그 삶이 더 간절하다는 것은 말로 형용할 수 없을 것이다. "덤으로 얻은 생"으로 "살기 위해 발버둥을 치던 한 남자"(「너덜너덜」)의 삶은 앞으로도 유효할 것이다. 시인은 삶에 대해 오만하지 않는 겸손함을 알고 있기 때문이다.

오만하지 않음은 자연과의 관계에 대해서도 적용되는 부분이다. 인간과 자연이 합일되는 세계가 가장 이상적인 삶이다. 때문에 환경의 문제도 간과하지 않는다. "페비닐과 사투를 벌이느라/호흡이 골골"(「바다의 아우성」)한 물고기에 대해 이야기하고, 「GMO」에서는 유전자 조작으로 씨가 없는 수박을 만들어내는 현실에 대해 비판하기도 한다.

이러한 환경은 결국 부메랑처럼 다시 인간에게 되돌아온다. 이상기후로 인해 고통받는 삶이 이어지는 것이다. 불편한 삶은 인간뿐만 아니라 동물들에게도 영향을 미친다. "습도까지 머금은 아스팔트 도로/열저장 보관 창고가"(「폭염」) 되어 참새는 오늘도 굶주리게 되고, 시시각각 찾아오는 "무서운 속도로 달려오는 태풍"(「태풍」)으로 인해 인간은 긴장의 끈을 놓을 수 없다.

자연에 대한 공격은 최후에는 지금 우리가 고통받고 있는 코로나 19의 사태로 나타난다. 앞서 언급했듯이 이번 시집에는 코로나 19에 대한 시편이 다수 포함되어 있다. 「소낙비」, 「마스크 부작용」, 「남극의 빙하」, 「코로나」에서 확인할 수 있다. "남극 저편의 빙하, 녹기 시작"하면서 이상기후 현상이 나타나고 급기야는 "얼음에 꽁꽁 묶여 있던 바이러스,/세상 향해 기지개를"(「남극의 빙하」) 켜면서 생활이 많이 바뀌었다. 마스크의 착용은 누군가를 만나도 얼굴이 기억나는 것이 아니라 "각종 마스크만 기억"나고, "웃는지, 무슨 말을 하는지, 심중을 헤아리기 힘"(「마스크 부작용」)든 부작용을 낳았다. 뿐만 아니라 "인간과 인간 사이에 불신의 벽을 만"(「코로나」)들었으며, "사람이 모이는 곳/무조건 피하라고"하는 "집콕"(「소낙비」)의 시대를 만들었다.

> 태양은 물속에 잠기고
> 달은 너울 파도에 출렁이고
> 비와 바람은 합세해서
> 세상을 삼키려 든다.
>
> 이른 아침
> 떠오르지 못하는 태양은
> 어스름한 달의 잔상에 힘입어
> 어둠을 걷어 내려 안간힘 쓴다.

실루엣처럼 어두운 아침

언젠가는 물러설 어둠

스산한 이별을 준비하며

물속에 잠긴 태양을 낚는다.

서서히 달아오른 태양

어둠이 물에 잠기면서

온 세상을 불덩어리처럼

뜨겁게 달구어 낼 것이다.

―「물에서 건진 태양」 전문

이 시에서 시인은 태양을 바라보고 있다. 이때의 태양은 강렬하게 타오르는 힘이 막강한 이미지가 아니다. "물속에 잠"겨 있고, "이른 아침/떠오르지 못하"고 있다. 태양이 물 속에 잠겨 있다는 것은 아직 빛을 보지 못하고 어려운 상황에 놓여 있다는 것을 의미한다. 하지만 시인은 떠오르지 못하였다고 포기하지 않는다. 물러섬이 아니라 이 순간을 극복하고 앞으로 나아가고자 한다.

비와 바람이 합세하여 "세상을 삼키려" 들지만, "어스름한 달의 잔상에 힘입어/어둠을 걷어 내려 안간힘" 쓰는 것이 시인이다. 언젠가는 어둠이 물러설 것임을 믿기 때문이다. 시인은 "이별을 준비하며/물속에 잠긴 태양을 낚는다." 종내에 "서서히 달아오른 태양"은 "어둠이 물에 잠기면서/온 세상을 불덩어리처럼/뜨겁게 달구어 낼 것이다." 어려운 상황이 지나가고 나면 분명 언젠가는 희망의 기운이 다가올 것이다. 물에서 태양을 건져낸 시인은 이 희망의 기운을 놓치지 않고 더 뜨겁게 만들어 보고자 한다.

　"놀이터의 시소를 타는 유치원생도/중심 잡는 법을"(「중심 中心」) 아는데 심지어 "어른들은 구겨진 신문마냥/활자 하나만 잘못 집어넣어도 뒤엉"(「다른 모습」)켜 버린다. 이러한 어른들의 삶 또한 시인은 놓치지 않는다. "국적 불명의 건축"(「부실공사」)을 하고 있는 이주 노동자들의 삶을 들여다보고, "자기 의사가 관철 안 되면/말쌈, 주먹질, 총질……"(「상실―아메리카」)을 하는 세상을 들여다보기도 한다. 또한 「가상화폐」에서는 "돌고 도는 것이 돈"이지만 "만질 수도, 보이지도 않는/돈을 찍어"내서 "아들의 등록금까지 홀랑 날려"버리게 하는 사회의 부조리한 세태에 대해 풍자한다. 이처럼 시인은 문제의식을 가지고 점점 파괴되어 가는 세상을 냉철한 시선으로 바라보며 이를 되짚어 보고자 한다.

사랑에 대한 단상
　—김상우론

　　김상우 시인은 2019년《세종시마루》신인상을 받으며 작품 활동을 시작하였다.『사랑에 관한 짧은 필름』은 김상우 시인의 첫 시집으로 시와 인간, 그리고 사랑에 대한 시인의 견고한 생각들을 마주할 수 있다. 김상우 시인의 시쓰기는 1978년 대전지역 남녀 고교생들이 모이는 동맥 문학회에 나가면서부터 시작된다. 따뜻한 남쪽이 좋아 택한 전주는 시인에게 아름다운 삶을 안겨준다. 당시 자취방은 윤대녕이 다니던 단대 문예 장학생들이 바람 쐬러 오는 곳이기도 했고, 시인들의 음악 감상실도 되었다가 노동현장에 있는 선배들이 쉬어가는 곳이기도 했다. 대전에서 태어나 전주에서 대학을 마친 시인은 노동야학과 출판사를 하다가 서른 살 때 산으로 가출하여 소백산에 들어가 영혼의 스승들을 만나게 된다. 시를 쓰지 않고 살고자 했지만, 영혼의 스승들은 시인을 시에게 인도한다. 인간은 사랑의 현존이고, 진정한 자유인으로 살기 위해 시인은 지금도 순례 중이라고 한다.

　　　그런 사람을 만나고 싶었어

그 품에 안기면 한없이 부서져
저를 다 내주고도 흐르고 흐르는
물 같은 사람

그런 사람이 보고 싶었어
하나도 남지 않아도
가슴 끝까지 다 타버려도
지금 여기만 바라보는 사람

그런 사람이 되고 싶었어
아무것도 아닌데
아무것에나 닿아도 꽃이 피는 사람
꽃 같은, 사랑 같은 사람.

—「꽃 같은」 전문

    현대사회에는 다양한 유형의 사람이 있다. 많은 유형의 사람 중 시인은 "품에 안기면 한없이 부서져/저를 다 내주고도 흐르고 흐르는/물 같은 사람"을 만나고 싶다고 소망한다. 흐르는 물은 먼저 가려고 서로 싸우지 않는다. 낮은 곳에서 높은 곳으로 애써 오르려고도 하지 않는다. 꾸준히 한결같은 마음으로 세상의 만물을 사랑으로 적셔주며 자신만의 길을 간다. 시인은 이러한 물 같은 사람을 만나고 싶어 한다.

    "하나도 남지 않아도/가슴 끝까지 다 타버려도/지금 여기만 바라보는 사람"을 보고 싶어 한다. 시인은 과거에 얽매여서 지나간 시간을 후회하지 않는다. 그리고 다가올 미래에 대해서도 전전긍긍하지 않는다. 오로지 '지금 여기'를 바라본다. 그리고 "지금 여기만 바라보는 사람"을 보고 싶어 한다. 매순간 최선을 다하는 지금 여기보다 더 나은 곳은 없다는 것을 시인은 잘 알고 있는 것이다.

마지막 3연에는 시인이 되고 싶어 하는 사람에 대한 단상이 담겨 있다. 시인은 "아무것도 아닌데/아무것에나 닿아도 꽃이 피는 사람/꽃 같은, 사랑 같은 사람"이 되고 싶어 한다. 시인의 바람은 누구와 함께 있더라도, 어느 곳에서라도 꽃을 피워 향기를 낼 수 있는 그런 사람이 되는 것이다.

이 시에는 이처럼 시인이 만나고 싶어 하는 사람, 보고 싶어 하는 사람, 되고 싶은 사람에 대한 단상이 담겨 있다. 이러한 사람들 모두에게 나타나는 공통점은 충만한 사랑이 내재되어 있다는 점이다. '사랑'은 시집 곳곳에서 발견할 수 있는 화두이기도 하다.

때로는 사랑한다면 "아무것도 바라지 말아야 한다/나무처럼 그저 서 있어야 한다"(「사랑한다면」)고 말하는 사람이 김상우 시인이다. "한 가지만 사랑했다/나눌 수 없어 그쪽만 바라보았다/개복숭아꽃이 무더기무더기 피어 있는 밤에는/자꾸 눈물이 났다"(「단 한 가지의 사랑」)고 말하는 시인에게 사랑은 애틋하다. 마음 여린 시인에게 사랑은 살아가는 이유이자 삶 자체이다.

전화가 이주일째나 불통인 그녀는 때론 말이 없어서 차라리 평안했
다
그날도 삶은 스스로 만든 굴레라고
담쟁이넝쿨이 내게 말했다
저녁에는 혼자 지는 태양을 바라보며 취생몽사를 마셨다
거절할 것을 안다면 먼저 돌아선다는 무사 서독*의 말은
천년이 지난 오늘도 좋은 약이다

노천 카페 '사막'에는 이른 술을 마시는 사내와
늦가을 구절초 같은 여자가 여전히 콜라를 마시고
벌써 세 번째나 분갑을 열어보던 유부녀가 길 끝을 향해
한 점 꽃잎처럼 손을 흔들었다

누구는 사랑을 위해 일생을 기다린다고 했다
일생을 잊기 위해 살다 간 사람도 있다

사랑받고 싶었던 날
부치지 않을 편지를 썼다
가늠할 수 없는 날씨처럼 기침이 아무 때나 나왔지만
나는 묵은 가을 잠바를 입고 봄비를 맞았다
삶은 차선(次善)이 없다고 봄비가 말했다

다시 산행을 시작한 날
사막의 끝이 보이는 곳에서 살아 있음은 또 다른 침묵이 되었다
누구에게나 살아갈 몫은 있고
잊기 위해 때로는 전부를 기억해야만 했다

이따금 살기 위해 밥을 먹었다.

* 서독: 영화 〈동사서독〉에 나오는 무사 이름.

— 「사랑에 관한 짧은 필름」 전문

그녀의 전화는 이주일째 불통이다. 전화를 받지 않으니 서로 원만한 소통이 불가능한 상황이다. 이에 시인은 "그녀는 때론 말이 없어서 차라리 평안"하다고 생각한다. "삶은 스스로 만든 굴레라"는 담쟁이넝쿨의 말을 들으며 "저녁에는 혼자 지는 태양을 바라보며 취생몽사를 마셨다". 취생몽사는 영화 '동사서독'에 나오는 술로, 이루지 못한 지독한 사랑의 고통을 잊게 해주는 술이다. 스스로 만든 굴레에서 빠져나오지 못하고, 이루지 못한 사랑의 슬픔에 잠겨 있는 상황에서 "거절할 것을 안다면 먼저 돌아선다는 무사 서독의 말은/천년이 지난 오늘도 좋은 약"이 될 수밖에 없을 것이다.

시 속에 등장하는 "술을 마시는 사내", "구절초 같은 여자", "분갑을 열어보던 유부녀"는 모두 사랑을 간절히 원하는 사람들이다. 누구는 "사랑을 위해 일생을 기다린다고"도 하고, 또 "일생을 잊기 위해 살다 간 사람도 있다". 시인 역시 누군가에게 사랑받고 싶은 사람이다. "사랑받고 싶었던 날/부치지 않을 편지를" 써보지만, "삶은 차선이 없다고 봄비가 말했다". 생(生)은 지금 이 순간만 있을 뿐이다.

대지를 촉촉하게 적셔줄 봄비를 맞으며 시인은 그럼에도 불구하고 다시 힘을 내어 산행을 시작한다. 인간에게는 "누구에게나 살아갈 몫은 있"는 것이다. "잊기 위해 때로는 전부를 기억해야만" 하더라도 "이따금 살기 위해 밥을 먹"으며 사랑에 대해 고뇌하더라도 말이다. 아래 글은 〈동사서독〉 마지막 장면에서 서독의 독백이다. 잊으려 할수록 기억은 더 선명하게 살아나기 마련이다.

"한때 그곳에는 날 기다리는 여인이 있었다. 취생몽사란 말도 우리가 하던 농담이었다. 잊으려고 할수록 기억은 선명히 살아난다. 누가 그랬다. 원하는 걸 가질 수 없을 때 가장 좋은 건 잊을 수 없게 하는 것이라고." — 영화 〈동사서독〉 中 서독의 독백

시인에게 어머니와 아버지도 사랑의 존재이다. 어머니는 역전시장에서 평화상회를 50년 동안 운영하였다. 「역전 평화상회」에는 이러한 어머니의 삶이 투영되어 있다. 어머니가 평화상회를 그만두던 날 어머니는 "낡은 상처투성이 마늘 바가지부터 챙겼다". 50년을 동고동락하였던, 이제는 어머니만큼 "나이 들고 야윈 바가지"는 바가지라는 사물 이전에 어머니의 삶이기도 하다. "사월 끝인데도 자꾸 코끝이 시리고 눈이 매"운 것은 어머니의 삶이 애처로워서였을 것이다. 「엄마 손」에서는 점점 작아지는 어머니의 모습을 형상화하고 있다. 어릴 적에는 세

상에서 가장 큰 손이었는데 "길의 끝이 가까워질수록 엄마는 빈손 되어/바람이 되고 비가 되고/봄날의 하늘이 되어 간다". 이 외에도 「5월에」와 「전라도 여자」를 통해 어머니의 삶을 확인할 수 있다. 아버지의 삶도 나타난다. 「한식(寒食)」에서는 고속도로 공사로 양촌 시골집 뒷산에 다시 모신 아버지의 이야기를 하고 있다. 아버지는 "눈이 오나 비가 오나" 늘 그곳에 계신다. 「코로나 기일」에서는 코로나로 인해 아무도 오지 못한 차례날의 풍경을 보여준다.

사람마다 사랑에 대한 생각은 모두 다를 것이다. 남녀간의 사랑, 친구 같은 사랑, 부모와 자식 간의 무조건적인 사랑 등 바라보는 관점에 따라 다를 수밖에 없다. 김상우 시인은 이 모두를 통합하여 순수하고 진실한 사랑을 꿈꾸고자 한다. 그 사랑의 힘이 『사랑에 관한 짧은 필름』이라는 시집 안에 담겨 있다.

과거와 현재에 대한 통찰
—김영호론

김영호 시인은 1984년『한국문학의 현단계 Ⅲ』(창비)에 평론 「역사적 사실과 문학적 상상력」을 발표하며 작품 활동을 시작했다. 김영호 시인의『바람이 부르는 노래』는 살아 있는 한 권의 역사책이기도 하다. '한 농투산이의 일본 탈출 이야기 시'라는 부제가 붙어 있는 이 시집『바람이 부르는 노래』에는 시인의 아버지인 고(故) 김장순 선생의 삶이 고스란히 담겨 있다.

시인은 이 시집을 통해 일본에 징용으로 끌려갔다가 탈출한 아버지의 이야기를 전해준다. 1부 '면서기 임명장 대신 징용 영장이'와 2부 '마침내 조국 땅에'는 농투산이인 아버지의 일본 탈출 이야기 50편이 담겨 있고, 3부 '꽃그늘로 오시는 임'에는 「이 봄에」, 「손톱을 깎으며」 등 못다한 시인의 이야기 17편이 담겨 있다. 총 67편의 서사시가 일제강점기와 6·25 전쟁의 잔혹함을 겪었던 아버지의 삶과 당시의 사회상을 그대로 보여준다.

> 긍게 일제 말 면서기시험에 붙고도
> 오사까로 징용 끌려간 거이
> 비빌 언덕도 없는 과부 아들이라 그렸다고 혔잖여

네 살 때 아버지가 돌아가셨응께 얼굴도 기억이 안 나제

어매가 외할머니를 원망험서 허는 이야기를 들어보믄

아버지는 지게에 소금동이를 지고

사방을 떠돔서 장사하느라

서른 살이 훌쩍 넘도록 장개를 못 갔다만 그려

그려도 연분이 있었는지 중매쟁이 수완 덕에

열세 살 애기를 시커먼 아저씨가 만난 거시여

'그 어린 거시 머슬 알것냐 참말 도적놈이지 머겄어'

어매는 중매쟁이 말에 넘어간 외할머니를 타박혔어

열세 살에 시집와 열일곱에 딸을 낳았당게 심혔제

딸 둘에 아들을 낳았는디 무정헌 남편은 가버렸지

아버지가 지게를 타고 떠남서 외할머니랑 함께 살았제

외할매가 체수도 크고 화통혀서 사람들이 늘 꼬였어

눈이 겁나게 내리는 겨울밤엔

이야기 보따리가 넘쳐났고

그런디 외할머니가 부안 읍내에 가신 그 밤에

똥깨나 뀌는 윗말 이서방이 우리 어매를 보쌈해 갔어

거기서 여동생과 남동생을 낳고 껄끄럽게 살었는디

내 앞으로 밭뙈기 하나 주고 헛기침 험서 돌아앉도만

내가 징용 갔다 와서 동상들도 김씨로 호적을 올렸지

그러다 내가 막판에 치매를 한 삼 년 앓느라고

애들헌티 그 밭 야그를 못 허고 떠나왔는디

작년에 우리 큰애헌티 세금고지서가 가는 바람에

그 밭을 팔아서 마침 큰애 임플란트 했당게

허허 그것도 결국 조상님 덕이것지 뭐

암튼 아버지 얼굴도 모르고 과부 밑이서 괄시받고 삼서
징용도 살았지만 내 심으로 칠 남매 자석들을 건사혔웅게
험한 인생도 착허게 살면 결국 복이 되는 법여!
　　　—「한 농투산이의 넋두리 2 —소금장수 아버지 이야기」전문

　1922년 일제강점기에 태어나 6·25 전쟁의 참혹함을 거쳐 2008년 작고하신 시인의 아버지 김장순 선생의 고향은 전북 부안군 줄포면이다. 징용에 다녀왔던 시간을 제외하고 아버지는 줄곧 줄포에서 사셨다.

　위의 시는 소금장수를 하였던 아버지의 이야기이다. 시 속에 등장하는 아버지는 소금장수였다. 지게에 소금동이를 지고 떠돌아 다니며 장사하느라 서른 살이 넘어서도 장가를 가지 못하였다. 그러다 수완 좋은 중매쟁이를 만나 열세 살 어머니를 만나게 된다. 딸 둘에 아들을 낳았는데 소금장수인 남편은 무정하게 가버렸다. 남편을 잃은 어머니는 그때부터 외할머니와 살면서 자식들을 키웠다.

　시 속의 아버지는 "네 살 때 아버지가 돌아가셨"기 때문에 "아버지 얼굴도 모르고 과부 밑"에서 괄시받고 사셨다. 험한 징용도 살았지만 자신의 힘으로 칠 남매 자식들 잘 건사하였으니 이만하면 되었다고 생각한다. 사연 없는 사람이 없겠지만 말 그대로 파란만장한 삶이다. "험한 인생도 착하게 살면 복이 되는 법"이라는 말이 가슴 아프게 들려온다.

지금부터 아버지의 기나긴 시간을 따라가 보자. 아버지는 1944년 10월 18일 일본으로 출발하기 전날 송별식을 끝으로 고향에서 벗어나 징용에 가게 되는 긴 여정에 들어간다. "인촌의 아들 학병 대신"(「한 농투산이의 넋두리1―일본 징용 이야기」) 끌려간 징용에서 말할 수 없는 설움과 고통을 받는다. 일본에 가면서도 맘만 먹으면 도망갈 수 있었지만 차마 도망갈 수 없었다. 나 때문에 "엄니나 외말매가 욕을 보겄제"(「한 농투산이의 넋두리17―탈출을 포기하고」) 하는 생각에서이다. "맹물 같은 된장국이 한 컵 정도/밀과 국수에 쌀을 섞은 주먹밥 한 개"가 전부였던 징용에서의 식사. "끼니때면 눈물이 뚝뚝 떨어"(「한 농투산이의 넋두리21―배고픈 설움」)지는 것을 직접 경험하기도 한다.

그러다 1945년 3월 드디어 조선소를 탈출할 준비를 한다. "배탈로 약국에 간다는 핑계로 정문을 나와/열차와 버스를 갈아 타고 산골 노가다판으로"(「한 농투산이의 넋두리30―조선소 탈출」) 갔다. "산골 노가다판에서 배고픈 설움은 벗었지만/약골은 감당 못할 힘겨운 작업장이"(「한 농투산이의 넋두리31―힘겨운 노가다판」) 기다리고 있었다. "아홉살 때 미영골 양반에게서 책 읽는 법을/흔행이 양반에게는 뛰어난 암기력을 배웠"(「한 농투산이의 넋두리34―밥집의 이야기꾼」)던 까닭에 밥집에서 이야기꾼으로 지내다가 1945년 6월 하순 산골 공사장을 떠난다.

"1945년 8월 9일 마침내 시모노세키"(「한 농투산이의 넋두리 37—기생 오라비를 따돌리고」)로 와 "1945년 8월 10일 새벽 시모노세키항 출발"(「한 농투산이의 넋두리40—표류하는 배에서 사경을 헤매고」)한다. 우여곡절을 거친 후 1945년 "8월 20일 음력 7월 열사흘"(「한 농투산이의 넋두리43—마침내 조국 땅에」)에 부산항에 도착하고, "1945년 8월 21일 오후 늦게서야/비로소 고향 줄포 땅을 밟"는다. 아버지가 "고향에서 최초의 귀국자"(「한 농투산이의 넋두리45—배설물로 뒤덮인 부산역 광장」)였다. 여기까지가 아버지가 겪었던 설움의 시간들이다.

이 험난한 시간들을 거쳤음에도 불구하고 아버지는 "사람은 착한 게 제일이랑께/그저 착하게 사는 게 제일이랑께"(신경림, 「줄포—농사꾼 대서쟁이 김장순 씨에게」)라고 말씀하신다. 착하게 사는 것이 제일이라는 아버지의 신념은 훗날 자식들에게도 그리고 후대의 자손들에게도 선한 영향력을 미칠 것이다.

시집에는 아버지의 일대기뿐만 아니라 가족과 이웃들의 모습도 담겨 있다. 큰누님은 고창으로 시집갔는데 애를 낳지 못하여 삼 년 만에 돌아왔다. "내가 일본에 징용 갔다 돌아온 뒤/평생 입이 짧은 내 수발을 든 큰누님/내가 차린 대서소 앞에서 장사를 하며/우리 외동딸을 친딸처럼 거두어/전주로 유학 보내 교대를 졸업시켰"(「한 농투산이의 넋두리4—소박맞은 큰누님 이야기」)다. 막둥이 한영이는 "불같은 성질에 만날 쌈박질로 속을 썩였"다. 그래도 제수씨가 "솜씨가 맵고 세상살이 요령이 있어/애들도 가르치고 고물상을 차려 먹고살 만"(「한 농투산이의 넋두리5―씨 다른 동생 한영이」)해지자 안타깝게 죽게 된다. 남숙이는 얌전하고 싹싹해서 이씨 집안에서도 잘 지냈다. "번지르헌 언변에 허세가 있"는 남편 대신 "들판에서 나물 캐고 야무지게 농사지어/남문시장에 팔어 애들 대학도 보냈"다. 지금은 "자식들 곁에서 장수헌다니 참말 다행"(「한 농투산이의 넋두리6―씨 다른 동생 남숙이」)이라고 말한다. 이 외에도 노름쟁이 자형 이종대씨와 허풍쟁이 매제 박창길, 이야기꾼 미영골 양반, 이야기책을 모두 외워버린 혼행이 양반들의 모습을 엿볼 수 있다.

다음은 3부 '꽃그늘로 오시는 임'에 실려 있는 시이다.

평생 땅을 훑으며 사는 농투성이든
옹이 박힌 손에 기름 마를 날 없는 테바치든
파리한 손가락으로 글을 짓는 샌님이든
내남없이 고루 웃음 짓는
맑고 곧은 그런 세상 그려보겠노라
밤새 골목길을 숨죽이고 헤매다
문득 안경알 반짝이며 멋쩍게 미소 짓던 임이여

어둠 속에서도 아침을 움켜쥐고
푸른 하늘을 굳게 간직한 채
할퀴며 덤벼드는 미친 파도에
수없이 뒹굴고 엎어져 자맥질해도

그예 무릎 세우고 곧추 허리 펴고
매운 바람결에 쫓긴 작은 새들 보듬으며
순순히 꽃그늘을 내어주던 임이여

갈라진 가슴밭에 흥겹게 물을 대고
맨발로 첨벙대며 얼싸절싸 사래질하며
신새벽의 카랑한 풍경소리를
흙고무래로 곱게 빗질하던 임이여
그 고운 마음씨 마침내 생채기 되어
시샘 많은 뻐꾸기에 둥지를 빼앗길 채
소쩍새 핏빛 울음 마른침으로 삼키며
가슴 속 풀무질 숯덩이 되어 차마 잠들지 못하는 임이여

어둑새벽이면 맑은 이슬로 내리고
햇살 펼치면 아지랑이로 피어오르며
손가락 끝에 노오란 민들레 꽃반지로 찾아와
함께 어깨 걸고 부둥켜안고 무동 태우며
결코 시들지 않는 함성으로 하얗게 풍매화로 날아올라
온 들판에 꽃덤불로 끝내 살아나시라 끝끝내 살아나시라
                    ―「꽃그늘로 오시는 임―산내 뼈잿골에서」 전문

　산내 뼈잿골은 대전광역시에 있는 산내 골령골이다. 이곳은
세상에서 가장 긴 무덤을 가지고 있는 아픈 역사의 장소이다.
해마다 여름이 되면 이곳에서 합동 위령제가 열린다. 위령제는
한국전쟁 당시 집단학살 된 민간인들의 넋을 위로하기 위한 것

이다. 산내 골령골은 한국전쟁 후 남한지역에서 최대 학살지로 꼽히는 곳이라고 한다. 1950년 한국 전쟁이 발발하자 대전형무소에 수감돼 있던 복역수와 예비검속자, 보도연맹원을 학살하였다. 당시 대전형무소 정치범을 산내 골령골로 끌고 가 사격하라는 명령이 떨어지자, 산내 보도연맹원 1400여 명과 1950년 7월 초에 형무소 재소자 1800여 명이 모두 학살되었고, 골령골에 암매장하였다.

이 시는 이때 돌아가신 분들의 넋을 위로하고 있다. "내남없이 고루 웃음 짓는/맑고 곧은 그런 세상 그려보겠노라/밤새 골목길을 숨죽이고 헤매다/문득 안경알 반짝이며 멋쩍게 미소 짓던 임", "매운 바람결에 쫓긴 작은 새들 보듬으며/순순히 꽃 그늘을 내어주던 임", "시샘 많은 뻐꾸기에 둥지를 빼앗길 채/소쩍새 핏빛 울음 마른침으로 삼키며/가슴 속 풀무질 숯덩이 되어 차마 잠들지 못하는 임"을 위로한다. 그리고 "결코 시들지 않는 함성으로 하얗게 풍매화로 날아올라/온 들판에 꽃덤불로 끝내 살아나시라 끝끝내 살아나시라"고 말이다.

시의 형식은 다양하다. 개인적인 서정에서부터 서사, 한 나라의 일대기 등 시 작품을 통해 한 나라의 모습과 그 나라 안에서 살아가는 시인이자 국민의 모습이 투영되어 나타나기 마련이다. 시인의 아버지도 그 역사를 기록하였고, 시인 역시 잔혹한 역사의 현장에서 벗어나지 못하고 있다. 역사는 현재에도 이루어지고 있고, 앞으로도 이어질 것이다. 역사의 현장이 휩쓸고

간 잔해는 고스란히 살아남은 자들의 몫이지만, 누구에게나 공평하고 평화롭고 따뜻한 한 획으로 남길 소망해본다.

제3부

틈, 그리고 배려

시는 총체적 진실을 비유를 통해 형상화한다. 사전적 의미를 전달하는 것이 아니라 어떤 사물이나 현상을 그와 비슷한 다른 사물이나 현상에 빗대어 진솔한 삶의 의미를 표현하는 것이다. 즉 개념적 사유 안에 내포되어 있는 의미들을 찾아나가는 것이 시이다. 그렇기 때문에 같은 소재이지만 쓰는 사람의 개성에 따라 각각 다르게 표현될 수밖에 없다. 형상화와 함께 이러한 시인의 개성, 그리고 따뜻한 감성이 더해질 때 진솔한 시가 된다.

인간의 삶은 틈의 영역 안에서 이루어진다. 자아와 자아 사이 혹은 모든 존재와 존재 사이에는 틈이 존재하며, 이 틈과 틈 사이에서 인간의 삶이 이루어진다. 보이는 틈과 보이지 않는 틈, 이 틈새의 영역에서 이루어지는 삶. 오늘날 우리의 삶도 틈새에 끼어 이루어지고 있다. 모든 존재하는 것들은 양극 사이에 미세한 틈이 있기 마련이지만, 이 틈은 서로가 서로를 배려한다면 극복할 수 있을 것이다. 여기에서는 이러한 '틈'과 틈 사이 삶의 단면, 그리고 '배려'에 대한 이야기를 해보고자 한다. 이 이야기들이 시인의 개성과 감성을 통해 시로 발현되고 있는 지점을 살펴보도록 하겠다.

'틈'은 사물과 사물 사이에도 존재하지만, 인간의 보편적 삶에서도 찾아볼 수 있다. 사람살이의 관계와 관계에 있어서도 틈은 존재한다. 다음의 시는 이러한 우리의 삶에서 보편적으로 찾아볼 수 있는 '틈'에 대한 이야기이다. 시인은 어머니의 손바느질을 통해 우리의 삶을 보여준다.

아직도 손바느질을 고집하는
늙은 수선법, 눈에 잘 보이지도 않는 바늘에
어떤 틈이 있어
그 틈의 길이로 혹은 굵기로
옷 한 벌을 뚝딱 지으신다
실눈이 무수히 박혀야 하는 아주 작은 틈이
옷을 짓는다는 것을 알았다

옷들에는 얼마나 많은 틈이 있다는 것일까
여미면 바람 한 점 들어오지 않는
틈 한 벌
빈곳에는 빈틈이 없다

어머니와 옷감 사이엔
계절을 엇갈리는 바느질법이 있다
추위를 덧대면 여름이고
더위를 덧대면 겨울의 두툼한 옷이 된다
말하자면 어머니는 우리에게 빈틈을
자잘하게 메워 주었던 것이지만

어쩌다 큰맘 먹고 낸

빈틈이 없었다면 옷도 나도 없었다는 것

빈틈들이 생기고 빈틈들이 메워지면서

사라지는 보이지 않는 틈

그 빈틈을 찾는 어머니의 눈에도

미세한 빈틈이 보이지만 그래도

내 옷에는

무수한 실눈이 따뜻하게 들어있다

— 김희숙, 「빈곳에는 빈틈이 없다」(《시와 표현》, 2018년 11월)

이 시 속의 화자는 어머니에 대해 이야기한다. 어머니는 "아직도 손바느질" 즉, "늙은 수선법"을 고집하는 분이시다. "눈에 잘 보이지도 않는 바늘에/어떤 틈이 있어/그 틈의 길이로 혹은 굵기로" 틈을 메워주는 분이 시 속의 어머니이다. 어머니는 자식에게 절대적 사랑을 베푸는 편안함과 위안을 주는 존재이다. 특히 시 속의 어머니는 오랜 시간 역경을 견디며 인내해온 강인함의 대표로 표상된다.

이 시에서 역시 어머니는 사랑과 베푸는 것을 통해 틈을 메워주는 역할을 한다. 틈이 없는 삶은 존재하지 않는다 하여도 과언이 아닐 것이다. 틈으로 인해 삶이 이루어지는 것인지도 모른다. 틈을 메우기 위해 현재에 안주하지 않고 끊임없이 노력하기 때문이다. 따라서 인간을 인간답게 만드는 원동력이 '틈'이라

할 수 있을 것이다. 이 시에서도 그러하다. "추위를 덧대면 여름이고/더위를 덧대면 겨울의 두툼한 옷이 된다". 추위가 지나가면 여름이 오고, 더위가 지나가면 겨울이 온다. 이와 같이 시간이 흐르는 것처럼 어머니는 한 땀 한 땀 빈틈을 메우고 있다.

안타깝게도 이제는 세월이 흘러 "그 빈틈을 찾는 어머니의 눈"에도 "미세한 빈틈이" 보이게 된다. 하지만 화자의 옷에는 어머니의 "무수한 실눈이 따뜻하게 들어"있어 마음이 놓인다. 틈 안에 어머니의 절대적이고도 헌신적인 사랑이 담겨 있기 때문이다. 이로 인해 시인은 따뜻한 시간을 보낼 수 있는 것이다.

이와 같이 '틈'은 존재와 존재 사이에도 있지만, 자연의 질서 안에도 있다. 다음의 시를 살펴보자.

　　겨울은 틈으로 온다
　　귓속으로 오고
　　갈비뼈 사이로 파고든다

　　겨울은
　　틈 안의 소리를 얼리고
　　사이 안의 피를 식힌다

　　소리는 굳어
　　온기를 잃고

피가 식어

흐르지 않을 때

틈과 사이로

겨울은 온다

허공에 분홍꽃이 휘날려도

틈과 사이가

풀리지 않는다면

꼼짝하지 않는다면

아직 한겨울이다

봄이 오지 않은 것이다

— 나해철, 「겨울의 출입구」(《시와문화》, 2018년 겨울호)

　시간의 "틈과 사이로" 겨울이 오고 있다. 틈을 메우며 우리의 삶은 이루어지듯 계절의 틈도 마찬가지이다. 겨울은 "귓속으로 오고/갈비뼈 사이로 파고든다". 겨울은 추위와 고독, 절망의 의미를 내포하고 있다. 혹한의 추위가 갈비뼈 사이로 파고드는 것도 이 때문이다.

　"소리는 굳고" "온기를 잃고" "피가 식어/흐르지 않을 때"에 틈 사이로 겨울이 온다. "허공에 분홍꽃이 휘날려도" 즉 봄이 와도 "틈과 사이가/풀리지 않는다면/꼼짝하지 않는다면" 그것은 "아직 한겨울이다". 마음이 풀리지 않는다면, 다시 말해 봄을 맞이할 준비가 되어 있지 않다면 여전히 겨울인 것이다.

하지만 겨울에 굴복할 수는 없다. 아직 "봄이 오지 않은 것"이지 영원히 당도하지 않는 것은 아니기 때문이다. 즉 다가올 봄을 맞이하기 위한 과정 중에 있는 것이다. 겨울을 잘 보내는 것은 새로운 날을 맞이하기 위한 밑바탕이 된다. '틈' 사이에 겨울이 들고 나는 출입구가 존재하는 것이다.

우리의 삶은 틈 사이에 존재하지만 이 틈이 있기 때문에 나날이 성장하고 발전할 수 있다. 올바른 마음가짐으로 틈을 메우기 위해 즉, 다가올 봄을 맞이하기 위해 겨울에 굴복하지 않고 한 걸음 더 나아가고자 한다. 이제는 틈으로 오는 겨울과 또 다른 틈으로 오는 봄을 맞이할 준비를 해야 할 때인 것이다.

틈은 관계와 관계 사이에서도 드러난다. 우리의 생활에서 나타나는 보이지 않는 미세한 균열은 어디에나 존재하는 것이다. 하지만 절망적인 상황일지라도 희망을 가지고 행동에 옮긴다면 균열, 즉 틈은 극복이 가능하다.

한 세상 가자미처럼 살았노라고 그가 말했다

밟으면 밟히고, 누르면 눌리고
갖은 수모와 굴욕과 수치를 견디며

납작 엎드려 살았노라고

말하는 입꼬리가 파르르 떨려왔다

가자미처럼!
가자미처럼?

신림역 3번 출구 앞에서 붕어빵 굽던 아줌마가
피식 웃었다

배부른 소리 마라
나는 평생 가자미 부러워하며 여기까지 왔다

가자미 욕되게 말고 편하게 엎드려라
가자미처럼 살 수 있어 부러울 게 없는 날 반드시 온다
— 조창환, 「가자미」(《시산맥》, 2018년 겨울호)

이 시는 '가자미'를 소재로 하고 있다. 가자미는 납작하게 생긴 생선으로 바닥에 딱 붙어 생활한다. 시인은 이 모습을 우리의 삶에 빗대어 이야기한다. 가자미의 납작한 모습과 납작 엎드려 살아야 하는 인간의 모습이 중첩되어 의미를 창출해낸다.

이 시는 '그'와 '붕어빵 굽던 아줌마'의 구조를 이루고 있다. 그는 "한 세상 가자미처럼" 산 인물이다. "밟으면 밟히고, 누르면 눌리고/갖은 수모와 굴욕과 수치를 견디며" "납작 엎드려" 살았다. 말 그대로 그는 이렇게 힘든 시간을 "가자미처럼!" 살았다. 하지만 "신림역 3번 출구 앞에서 붕어빵 굽던 아줌마"는 그

건 "가자미처럼?"이 아니라고 "피식 웃었다". 아줌마에게는 가
자미처럼 엎드려 살 수 있는 것만으로도 행복 그 자체이다. 가
자미보다도 못한 삶을 살아왔기 때문이리라. 어쩌면 우리의 삶
또한 '가자미'와 같다는 생각을 해본다. 갑과 을의 사이에서 제
목소리를 제대로 내지 못하고 엎드려 말이다.

시의 마지막에는 재치 있게 우리의 현실을 보여준다. 가자미
처럼 "납작 엎드려 살았"다고 억울해 말고 이제부터는 "가자미
욕되게 말고 편하게 엎드려" 살라 한다. 그러면 "가자미처럼 살
수 있어 부러울 게 없는 날 반드시" 올 것이라고 말이다. 세상에
는 가자미처럼 살 수 없는 인생도 있다. 그에 비하면 가자미와
같은 삶은, 납작 엎드려 살지만 부러울 것이 없는 삶인 것이다.
즉 이 시에는 가자미의 일생만 있는 것이 아니라, 이 가자미에
인간의 삶의 모습을 은유화하여 보여주고 있다. 가자미보다 못
한 삶일지라도 그 안에서 행복, 즉 희망을 찾고자 한다.

한밤중에 고양이 한 마리를 놓아 주었다
멀리 가서 잘 살라고 놓아 주었다
고양이는 강아지풀 사이로 뛰어갔다
돌아오면서 돌아보았다
강아지풀이 흔들렸다
자세히 보니 고양이 꼬리였다
자세히 다시 보니 강아지풀이었다
길가에 쌓아놓은 비료 부대를 자세히 보니

주차된 트럭 뒤꽁무니였다

다시 자세히 보니 친환경 비료 부대가 맞았다

고양이를 버리고 돌아오는 길에

머리카락을 길게 풀어헤친 키 큰 귀신을 만났다

깜짝 놀라 다시 보니

무덤에서 뻗어내린 칡넝쿨이었다

치매 걸린 어머니를 요양원에 맡기고 오는 길이었다

나를 맡기고 오는 길이었다

　　　　—김점용, 「강아지풀이 흔들리면」(《문학과 사람》, 2018년 겨울호)

「강아지풀이 흔들리면」은 어쩔 수 없이 어머니를 요양원에 맡겨야 하는 상황에 대해 이야기하고 있다. 문학에서 생과 사의 문제는 어제 오늘의 일이 아니다. 끊임없이 고뇌하게 만드는 풀리지 않는 영원한 화두이다. 분신과 같은 어머니를 맡겨야 하는 안타까운 상황이지만, 죄의식을 느끼는 시 속의 화자를 통해 생과 사의 문제, 그리고 효에 대한 의미를 다시 한 번 생각해보게 한다.

　시 속의 화자는 "한밤중에 고양이 한 마리를 놓아" 준다. "강아지풀 사이로" 뛰어간 고양이. 뒤를 돌아보니 "강아지풀이 흔들렸다"가 "자세히 보니 고양이 꼬리였다"가 또 "자세히 다시 보니 강아지풀"로 보인다. 길가에 비료 부대가 쌓여 있는 줄 알았는데 알고 보니 "주차된 트럭 뒤꽁무니였다/다시 자세히 보니 친환경 비료 부대가 맞았다". 심지어는 "머리카락을 길게 풀어헤친 키 큰 귀신"으로 보였는데 다시 보니 "무덤에서 뻗어내린 칡넝쿨이었다".

종합해보면 고양이 꼬리로도 보이고, 강아지풀로도 보이고, 귀신으로 보인다. 현실과 환상의 세계를 넘나들고 있는 것이다. 이 모든 행위는 '고양이'를 버리고 돌아오는 길이기 때문이다. 고양이를 버렸다는 죄의식과 불안함으로 인해 허깨비들이 보이는 것이다. 고양이는 다름 아닌 어머니이다. "치매 걸린 어머니를 요양원에 맡기고 오는 길"인 것이다.

어머니를 맡기고 오는 것은 자신을 맡기고 오는 것과 같다. 자신의 분신과도 같은 어머니이기 때문이다. 자신에게 피와 살을 나누어 준 어머니. 세상의 그 무엇과도 바꿀 수 없는 어머니 말이다. 죄의식을 느끼는 시 속의 화자를 통해 인간의 틈 속 미세한 균열에 대해 다시 생각해보게 된다.

다음의 시는 삶의 지혜에 대해 이야기하고 있다.

구수하리 할머니집 청국장 시킨다
주방 쪽 벽면에 초보 글씨가 쓰여 있다
99세까지 금연구역입니다
100세부터는 펴도 된다는 말이다
구십구 세까지 아홉 수를 몇 번 넘겨야 하나
구십세 전에 열 번의 고비를 넘겨야
구십 줄에 들어선다
구십에 들어서면 해마다 아홉수가 있다

아홉수 열 번의 강을 건너야 백세에 도달한다

모두 스무 번의 험난한 강을 건너면

사람이 아니다, 라는 말이구나, 人卒

백세 되시면 여기서 담배를 펴도 됩니다

구십구세를 넘긴다는 것은

화엄의 비단길을 구름 타고 난다는 것이다

구리구리한 할머니 청국장을 맛있게 먹고

거리로 나오니 삼월 구일 아홉수 날이네

도리도리 아홉 번 도리질 치며 걷는데

정거장에서 99번의 마을버스가 출발한다

지난밤 가로수 밑에 토해낸 뻘건 음식물을

비둘기 아홉 마리가 구구구 쪼아대고 있다

— 김영진, 「구십구세까지 금연구역」(《열린시학》, 2018년 겨울호)

아홉수는 나이에 숫자 '9'가 들어가는 해를 말한다. 우리나라에서는 예부터 아홉수가 들면 결혼이나 이사와 같은 대소사 일을 꺼리는 경향이 있다. 이 시에는 숫자 '9'가 총집합되어 있다. "삼월 구일 아홉수 날"에 "구리구리한 할머니 청국장을 맛있게 먹고" 거리로 나와 "아홉 번 도리질 치며 걷는데/정거장에서 99번의 마을버스가 출발한다". "비둘기 아홉 마리가 구구구" 먹이를 쪼고 있다.

이 시에서 숫자 '9'에는 부정의 의미이기보다는 긍정의 의미 즉, 인간이 살아가는 데 필요한 삶의 지혜가 담겨 있다. 구수한 시골집 청국장 냄새와 함께 구십구에 얽힌 장치들이 "화엄의 비단길"이라는 하나의 연장선상 위에 놓여 있는 것이다.

화엄은 불교 경전 『화엄경』에서 비롯된 말로 여러 가지 수행을 통해 덕을 쌓는 것이다. 화엄의 세계에서는 일체유심조(一切唯心造)를 중요시한다. 모든 일에는 마음가짐이 중요하다는 것이다. 즉 모든 존재는 마음이 지어내는 것이므로 일체의 모든 것은 오로지 마음먹기에 따라 일의 성패가 좌우된다는 의미가 함의되어 있다. 모든 것을 마음으로 통찰하여 보기 때문에, 이 마음을 통해 삶의 충만함을 깨닫는다.

부정으로 바라보면 부정적인 세상이 될 것이고, 희망으로 바라보면 희망적인 세상이 될 것이다. 따라서 "구십구세를 넘긴다는 것은/화엄의 비단길을 구름 타고 난다는 것이다". 즉 한 세기를 살아낸 삶에는 모름지기 그동안 살아온 삶의 내력과 지혜가 가득 담겨있다. 시간의 경험이 주는 삶의 지혜는 그 무엇으로도 살 수 없는 귀중한 자산이다. 이 시는 이러한 귀중한 지혜 즉, 삶을 대하는 자세에 대해 이야기하고 있다.

주지하다시피 인간의 삶은 틈 사이에 존재한다. 자아와 자아 사이에 혹은 존재와 존재 사이에도 틈은 존재한다. 틈에 대한 배려가 서툴지만, 틈은 배려를 통해 극복할 수 있다. 틈을 만드는 것은 결국 우리이기 때문이다. 모두가 조금씩 배려한다면 서로의 틈을 메우며 희망을 향해 나아갈 수 있을 것이다. 이제는

배려를 통해 틈 사이에서도 희망을 바라는 여유의 미학을 보여
줄 때이다.

층위의 경계에 놓인 삶

좋은 시란 무엇인가를 규정하는 일은 쉽지 않다. 시를 쓴다는 것은 혹은 글을 쓴다는 것은 시공간을 막론하여 개인과 시대정신이 함께 하는 것이다. 개개인의 삶의 형상을 그려내어 확장된 의미를 부여하기도 하고, 개인의 소식을 전하기도 한다. 그렇다고 역사적 문제의식을 그냥 지나치는 것도 아니다. 시대의 아픔에 공감하고 그 울분을 토로하여 진정성 있는 언어로 형상화하여 동참한다.

계절과 상관없이 시간은 흘러갔고, 흘러간 시간의 간격만큼 시대를 대변하는 혹은 각각의 심리를 형상화한 시들이 이 계절에도 새로이 잉태되었다. 삶이 늘 그렇듯 또 한 계절이 지나 가을로 향하는 여름의 길목 어딘가에서 우리의 발자국은 서성이고 있다.

> 며칠 동안 밥솥에선 먹다 남은 흰쌀밥이
> 누렇게 변하고 우린 새까맣게 그을린 냄비에
> 찬물을 채우다 서로의 안부를 묻는 일을
> 잊어버렸다는 생각을 합니다. 찬물에 오래된
> 밥을 담그면 오한이 오기도 하고, 밥알처럼
> 껴안을 수많은 우리가 필요하기도 하지만,

뜨거운 불에 냄비가 끓는 순간이 오기도 합니다.

갈라진 나무 주걱으로 혼자가 되어야 한다는

두려움을 조심스럽게 휘휘 젓다가 우린

발바닥이 뜨거워지고 되도록 이곳에서

멀리 다녀오려고 합니다. 그 먼 곳에서

녹아서 풀어지고 흩어졌다가 다시

걸쭉하고 근기 있는 무언가로 만나서

말갛게 씻긴 백김치를 숟가락 위에 조용히

얹어주는 생각도 합니다. 냄비 바닥에

눌어붙은 밥알을 구부러진 숟가락으로 긁어

비워져 가는 서로의 밥공기 안에 넣어주면서

우린 영문도 모른 채 웃다가 또 웃다가

세월이란 게 다 지나버렸으면 합니다.

며칠 동안 밥솥에서 누렇게 변했던 흰쌀밥은

기억나지도 않고 우린 서로를 후후 불며

아, 아, 신음 소리 같은 말을 나누며

뜨뜻한 몸 하나를 식어가는 몸 안에

오래도록 넣어두고 싶다는 생각을 합니다.

서로의 안부를 묻는 일을 잊어버렸다는

생각도 잊어버리고

오늘 무언가를 끓였다는 슬픔도

까마득히 잊어버리고

찬물을 다시 끓이며

따뜻하게 설거지할 생각을 하면

어제도 내일도 아무런 걱정이 없어집니다.

— 최재훈, 「밥 죽을 끓이며」(《시와 문화》, 2019년 여름호)

하루가 지나간다는 것은 누구나 겪는 보편적인 일상이다. 다른 사람들이 밥을 먹을 때 같이 밥을 먹고, 다른 사람들이 잠을 잘 때 같이 자고, 또 같이 일하는 것. 이에는 과도한 특별함이 없다. 사소한 일상이 모여 하루가 된다. 시인은 밥을 찬물에 끓이는 이 사소함에 "안부를 묻는 일"이라는 의미를 중첩시켜 보여주고 있다.

"먹다 남은 흰쌀밥이" 며칠 동안 밥솥에서 누렇게 변하였다. 우리는 "까맣게 그을린 냄비에/찬물을 채우다 서로의 안부를 묻는 일을/잊어버렸다는 생각을" 한다. 누군가의 안부를 묻는다는 것, 안부를 물어볼 수 있을 만큼의 사이가 된다는 것. 별것이 아닌 것 같지만 안부를 묻는다는 것은 상대와 나 사이의 공감대가 있다는 것이다. 이 공감대는 서로가 함께 할 수 있다는 연대의 의미로도 읽힌다.

연대의 힘은 홀로 가는 것보다 강하다. 수많은 하나가 모이면 더 크고 강한 힘이 만들어지게 된다. 밥알 하나 하나가 모여 소복한 한 그릇의 밥이 되는 것처럼 말이다. 때문에 "찬물에 오래된/밥을 담그면 오한이 오기도" 하지만, 그들이 모이면 "뜨거운 불에 냄비가 끓는 순간이 오기도" 하는 것이다.

때로는 "갈라진 나무 주걱으로 혼자가 되어야 한다는/두려움을" 느끼기도 한다. 하지만 이에 굴하지 않고 "발바닥이 뜨거워"진 우리는 어느 먼 곳을 다녀오려고 한다. "그 먼 곳에서/녹아서 풀어지고 흩어졌다가" "걸쭉하고 근기 있는 무언가로" 다시 만나기를 바라본다. 그 속에서 때로는 "냄비 바닥에/눌어붙은 밥알을 구부러진 숟가락으로 긁어/비워져 가는 서로의 밥공기 안에" 넣어주고자 한다. 그러면서 "영문도 모른 채 웃다가 또 웃다가/세월이란 게 다 지나버렸으면" 한다. 누렇게 변한 밥으로 죽을 끓여 서로 나누는 것처럼 세월이란 것도 나누다 보면 "아무런 걱정이 없어"지는 것이다.

사실적인 묘사로 시작되는 아래의 시는 가독성이 있다. 이 가독성은 주위의 소소함으로부터 의미를 부여하는 시인의 깊은 관찰로부터 기인된다. 다음의 시 「냉장고 문짝에 노란색 포스트잇」도 그러하다. 포스트잇으로부터 출발된 시상의 전개에 삶의 한 단면이 담겨 있다.

간이며 쓸개, 팔랑거리는 심장
잘 얼려 두고 가요
배고플 때 드세요
말랑한
혀조차 굳는
어둑한
생의 저녁

일생을 여닫고도
캄캄했던
너의 안쪽
무엇을 찾기도 전

마주친 써늘한

당신이

차려 놓고 간

사무치는

시 한 편

— 이토록, 「냉장고 문짝에 노란색 포스트잇」
(《시와문화》, 2019년 여름호)

어느 평범한 가족의 모습이 떠오른다. 장시간 집을 비워야 하는 아내는 남편을 위해 냉동실 가득 식량을 비축해두고 집을 나선다. 냉동실에는 "간이며 쓸개, 팔랑거리는 심장"이 잘 얼려 있다. 이것들은 배고플 때 유용하게 사용될 식량이 될 것이다.

하지만 이에는 식량 이외에 또 다른 의미도 부여되어 있다. "간이며 쓸개", 아무 때나 예고도 없이 "팔랑거리는 심장". 때로는 간이며 쓸개를 모두 빼주고 살아야 하는 것이 우리의 삶이다. 냉동실에 보관되어 있는 것은 아내가 부재중일 동안 먹어야 하는 식량이기도 하지만, 한편으로는 살아가면서 소모전을 해야 하는 안타까운 감정들이기도 하다. 때문에 이 생은 "말랑한/혀조차" 굳어버린 어둑함 속에 존재하는 것이다. 이는 곧 삶의 쓸쓸함이 턱밑까지 차올랐다는 의미의 다른 표현이기도 하다.

냉장고의 문을 열기도 전 시인의 눈길은 아내가 써놓은 노란색 포스트잇에 가 닿는다. 포스트잇에 쓰여 있는 글씨가 시로 승화되는 순간이다. "일생을 여닫고도/캄캄했던/너의 안쪽"에서 무엇을 찾기도 전 "당신이/차려 놓고 간" 시 한 편이 이리도 사무칠 줄은 시인도 몰랐을 것이다.

이 시대의 보편적인 형상이 잘 그려져 있다. 이 시대의 가장이라면 누구든 한 번쯤은 겪어보았음직한 이야기이다. 누구든 이 시를 읽는다면 드라마에서 흔히 나오는 장면을 연상할 것이다. 일상에서 장면을 포착하는 시인의 예리한 관찰력이 돋보인다. 단정하면서도 진정성 있는 언어가 시뿐만 아니라 읽는 이의 마음 한편까지 사무치게 한다.

내 몸에는 달이 살고 있다*

가시 달린 선인장 한 그루 몸속에 키워 내는 일은
온 지구를 흔드는 일

물 한 모금 바치지 않는 타클라마칸 한가운데
화끈거리는 생명의 꽃을 피운다

거친 파도 갈기가 숨기고 있는 암초처럼
느닷없이 튀어나오는 아픔에도
난파되지 않는 돛단배가 된다

그 검푸른 속 들여다보면
생명을 활짝 피우는 자리
진주조개이듯 스스로 가시를 삼켜

꽃을 피워내는 여자가 숨어 있다

식구들 두 어깨에 짊어진 채
쓰라린 가시 헤치며
다디단 바람을 잉태하는 어머니

밝고 따뜻한 감촉 꿈꾸다
날 선 유리벽 너머로 스며들어 보지만
늘 축축하고 차가운 데만 만져진다

*이은봉 시집 제목에서 인용.

— 주선미, 「가시, 붉은 꽃」(《시산맥》, 2019년 여름호)

　　이 시는 "내 몸에는 달이 살고 있다"로 시작된다. "내 몸에는
달이 살고 있다"는 구절은 이은봉 시인의 「달」이라는 시의 첫
구절이자 시집 제목이기도 하다. 이은봉 시인의 시에서 달은
'꿈'의 다른 이름이다. 내 몸에는 아직도 이루어보지 못한 많은
꿈들이 존재한다는 의미이다. 그렇다면 이 시에서 시인은 무엇
을 말하고자 하였을까. 이 시는 어머니의 삶과 선인장의 모습이
형상화되어 그려지고 있다.

　　시에서 끊임없이 화두로 제시되고 있는 소재들이 있다. 그 중
하나가 어머니이다. 어머니란 화두는 늘 가슴을 뭉클하게 만든
다. 이 시 속의 어머니도 가족들을 위해 헌신하는 희생적인 모
습으로 형상화되어 있다. 시 속의 어머니는 식구들을 "두 어깨

에 짊어진 채/쓰라린 가시 헤치며" 살아가는 존재이다.

선인장에서 가시는 자신을 보호하는 역할을 한다. 수분을 막고 적을 방어하기 위한 장치이다. 선인장은 물 한 모금 없는 "타클라마칸 한가운데"에서도 "화끈거리는 생명의 꽃을" 피워낸다. 이 "가시 달린 선인장 한 그루"를 몸 속에서 키워내는 일은 "온 지구를 흔드는 일"만큼 고되고 어려운 일이다.

이 역경은 선인장으로 하여금 "느닷없이 튀어나오는 아픔에도/난파되지 않는 돛단배가" 되는 단단함을 가지게 한다. 그 속에는 "꽃을 피워내는 여자가 숨어 있다". 다름 아닌 "식구들 두 어깨에 짊어진 채/쓰라린 가시 헤치며/다디단 바람을 잉태하는 어머니"이다. "밝고 따뜻한 감촉"을 꿈꾸지만 안타깝게도 "늘 축축하고 차가운 데만 만져진다". 이처럼 이 시는 어머니의 삶을 선인장의 모습에 중첩하여 보여줌으로써, 뾰족한 가시처럼 험난한 길을 가는 어머니의 삶을 더 숭고하게 전하고 있다.

> 시장통 한참 벗어난 모퉁이
> 소쿠리마다 푸성귀만 내다놓는 할머니
>
> 늘상 파는 일보다
> 다듬는 일에 열중이시다
>
> 나물들 속에서는
> 상념의 빛이 스며 있는 것 같다

흙먼지 잔뿌리 걷어내고 나면
제 기운을 꺾고
수굿이 포개지는 나물들

나물 다듬는 일은
마음을 매만지는 일 같다

풀풀거리는 숨이 죽어야
무침도 절임도 되는 것

엉키고 부푼 시간
가지런히 누이며
할머니 오래 마음의 이랑 갈고 계신다

열 손가락 끝 새까맣게 물들도록
　　　　　— 원양희, 「다듬는 일」(《시와사람》, 2019년 여름호)

　화자가 놓여 있는 공간은 시장통이다. 나물을 파는 할머니는
백화점이나 마트가 아닌 시장통에서 한참 벗어난 어느 모퉁이
에 존재한다. 할머니는 중심부를 벗어난 주변부에 위치하고 있
다. 시인의 시선은 화려함이 넘치는 곳이 아닌 사람들의 눈길이
잘 닿지 않는 곳에 가 닿는다.
　할머니는 흙먼지를 걷어내며 나물을 다듬고 있다. 그러면 나

물들은 한곳으로 수굿하게 포개어진다. "나물을 다듬는 일은/
마음을 매만지는 일"이다. 즉 나물을 다듬는 일이 마음을 다듬
는 숭고한 일로 형상화되고 있다. 흙먼지를 털어내며 깨끗하게
나물을 다듬는 것처럼 사람의 마음도 다듬을 수 있다면 얼마나
좋을까. 이 시에서 나물을 다듬는 행위는 우리의 삶의 모습으로
은유화되어 마음에 더 잔잔한 울림을 전해준다.

　나물은 단단한 흙에 뿌리를 내리고 자라왔다. 어린잎부터 뿌
리까지 나물은 버리는 것이 없이 모두 사용된다. 이러한 나물의
속성처럼 사람도 흔들리지 않는 단단한 근성을 바탕으로 어긋
남 없이 두루 원만한 관계를 이룬다면 좋지 않겠는가. 현대 사
회에서 나물을 다듬는 일 즉, 마음을 다듬고 매만지는 일이란
쉬운 일이 아니다. 때문에 할머니도 "파는 일보다/다듬는 일에
열중"하는 것이다.

　사람도 나물과 마찬가지로 "풀풀거리는 숨이 죽어야/무침도
절임도 되는 것"이다. 할머니는 "엉키고 부푼 시간"을 오늘도
"가지런히 누이며" 나물을 다듬고 계신다. 삶은 무언가를 다듬
는 일이다. 우리는 하루를 다듬고, 시간을 다듬고, 오늘의 일과
를 다듬어 내일을 기다린다. 사실 다듬어야 할 것은 나물이 아
니라 우리일 것이다. 소쿠리마다 잘 다듬은 푸성귀를 내놓는 할
머니의 까맣게 물이 든 손가락 끝이 눈앞에 그려진다.

　　우리가 버린 것들의 기분을 다 모아도

저 어처구니에 닿지 못하리

엄마는 모든 버려지지 않으려는 고집을 모아

아이를 끌어안았으니

남겨진 신발의 용도란

소용없는 것들의 기록

역사를 일으켜세우는 기록이 있고

발가락을 숨기는 예의바른 기다림도 있지만

신발은 사실적인 이별을 예감하진 못한다

용서도 없이 멈춰버린 심장처럼

이정표가 지워지면 처음을 가리키는 구두코

몸이 사라져도 중심을 기억하는 뒤축

꿈인 듯 농담인 듯

사라진 발을 찾는 신발들의 아우성

끌어안은 발자국들 지워질까

강물은 영영 잠들지 못한다

* 헝가리 다뉴브강가에 조각된 신발들, 유태인들이 나치군의 학살로 강물로
뛰어든 것을 기념.

　　　　　— 이미산, 「다뉴브강의 신발들」(《열린시학》, 2019년 여름호)

　지난 5월 헝가리 부타페스트 다뉴브강에서 한국인 관광객 33
명을 태운 유람선이 침몰하는 사건이 있었다. 어린 딸아이를 돌

봐주시는 부모님과 함께 3대가 유람선에 올랐고, 평소 사이가 각별했던 사촌 시누이와 올케도 있었다. 많은 이들이 각자의 사연을 안고 유람선에 올랐으나 여행의 꿈은 악몽이 되어버렸다.

이 다뉴브강은 헝가리의 역사적인 측면에서 살펴볼 때 아픈 기억을 간직한 곳이다. 2차 세계대전 때 헝가리는 나치에게 점령당하였다. 이 때 많은 유태인이 학살당하였다. 나치는 다뉴브강가에 신발을 벗긴 유태인들을 줄 세워 놓고 총을 쏘았다고 한다. 이후 나치에게 희생당한 유태인들을 추모하기 위해 다뉴브강가에 철로 조각된 신발 60켤레를 놓아두었다.

이 시는 나치군에 의해 학살된 유태인들을 애도하는 신발의 형상이 한국인 관광객의 모습으로 형상화되어 있다. "엄마는 모든 버려지지 않으려는 고집을 모아/아이를 끌어안았"다. 그러나 아이의 손은 놓치고 말았고, "남겨진 신발의 용도란/소용없는 것들의 기록"이 되어버렸다.

"역사를 일으켜세우는 기록이 있고" "예의바른 기다림도 있지만/신발은 사실적인 이별을 예감하진 못한다". 심장은 "용서도 없이 멈춰"버렸다. 이 많은 사건과 시간들을 간직한 다뉴브강은 "끌어안은 발자국들 지워질까" 싶어 "영영 잠들지 못한다". 강물에 뛰어든 발자국과 남겨진 자들의 슬픔 또한 강물의 몫이 되어버렸다. "우리가 버린 것들의 기분을 다 모아도/저 어처구니에 닿지" 못할 것이다.

개인의 삶을 보편적으로 보여 주는 시편들도 시대의 아픔에 대해 문제의식을 가지고 있는 시편들도 모두 우리의 삶에서 출발한다. 많은 사람들이 보편적으로 인정하는 좋은 시란 일상의 소소함을 담은 삶의 형상을 구체적으로 그려낸 시라고 할 수 있을 것이다. 더불어 역사적 사건에서 발견되는 문제의식을 간과하고 지나가지 않는 것이다. 시는 역사의 현장에서 삶의 단면을 들여다보고 그 슬픔을 형상화하여 보여 주어야 한다. 이처럼 각 층위의 경계에 놓인 개인의 삶과 역사적 문제의식이 시로 형상화되어 독자에게 다가올 때 읽는 이로 하여금 깊은 울림을 느끼게 할 것이다. 시인의 진솔함이 깊은 성찰을 바탕으로 단단하게 드러나기 때문이다.

보이지 않는 뿌리의 시간

뿌리를 내린다는 것은 인간의 삶에서 중요하게 작용한다. 인간은 뿌리를 원하고, 실제 뿌리가 필요하기도 하다. 에드워드 렐프의 말처럼 뿌리를 내린다는 것은 "세상을 내다보는 안전지대를 가지는 것"이다. 튼튼한 뿌리를 가지고 있으면 삶의 근간이 흔들리지 않는다. 삶의 근간이 흔들리는 것은 뿌리가 견고하지 못하기 때문이다.

뿌리는 삶의 근원이다. 근원이 흔들리면 종내에는 우리의 삶 자체가 흔들리는 것은 자명하다. 뿌리가 없다면 식물은 꽃을 피우지 못할 것이고, 인류 또한 세상에 존재하지 못할 것이다. 그러므로 세상의 모든 일은 뿌리가 한다고 해도 과언이 아니다. 긴 겨울을 지나 봄에 싹을 틔우고, 꽃이 피고, 열매가 맺기까지 뿌리가 있어야 가능한 일이다. 뿌리는 세상에 드러나지 않기 때문에 잘 보이지 않아 우리는 뿌리의 존재를 잊고 지낸다. 그렇다고하여 보이지 않는 곳에서 치열하게 생명을 유지해가는 뿌리의 삶을 간과해서는 안 될 것이다.

보이지 않는 뿌리

오랜 세월을 이겨낸 뿌리는 거대하다

돌 틈으로 스며들어 돌과 더불어

단단하게 붙어버린 뿌리들 무등산

꼬막재 오르는 길을 수맥처럼 흐르고 있는

어떤 뿌리들은 땅 위로 솟구쳐 나와

숱한 역경의 시간을 무심하게 건너온

그들의 생을 적나라하게 보여주기도 한다

편백나무 숲 그늘 속에 들어서면

시원한 바람이 인간의 번뇌를 씻어준다

이미 부처가 된 편백나무숲의 나무들이

어리석은 이에게 달의 모습을 보여준다

시간의 기억이 저장된 목소리는 쉬이

들을 수 없다 수만 개의 무성한 나뭇잎들이

세월을 기억하는 나무의 눈이다 그들은

한 해 동안 살면서 본 것들을 뿌리에 저장하고

이듬해에 나올 잎들에게 역사를 이어준다

오래된 나무는 천수를 누린 노인의 얼굴이다

그를 버티게 한 것은 뿌리의 힘이었을 거야

― 김완, 「뿌리의 힘」(《우리시》2021년 3월호)

    시 속의 배경인 무등산은 광주광역시에 위치하고 있다. 무등산은 여러 개의 별칭을 갖고 있다. 무진악, 무당산, 무덤산, 무정산, 서석산 등으로도 불린다. 무등산이란 명칭은 서석산과 함께 고려 때부터 불려진 이름으로, 비할 데 없이 높은 산 또는 등급을 매길 수 없는 산이란 뜻이다. 즉, 무등은 모두가 평등하다는 의미를 지니고 있다. 평등한 세상, 아픔도 슬픔도 없는 그곳이 무등이다.

이 평등한 곳에서 "오랜 세월을 이겨낸" 거대한 뿌리의 힘을 마주할 수 있다. "돌 틈으로 스며들어 돌과 더불어/단단하게 붙어버린 뿌리들"은 놀라운 생명의 힘을 선사하기도 한다. "어떤 뿌리들은 땅 위로 솟구쳐 나와" 있기도 하다. 어떠한 고난과 시련이 닥치더라도 생명은 각자만의 방식으로 견뎌낸다. 간혹 과연 잘 버틸 수 있을지 의문이 들기도 하지만 기특하게 살아남아 숙연함을 자아낸다. 이러한 생명의 놀라움은 뿌리의 힘이라 할 것이다.

"편백나무 숲 그늘 속에 들어서면/시원한 바람이 인간의 번뇌를 씻어준다". "수만 개의 무성한 나뭇잎들은" "한 해 동안 살면서 본 것들을 뿌리에 저장하고/이듬해에 나올 잎들에게 역사를 이어준다." 이 모든 것을 가능하게 한 것은 보이지 않는 뿌리의 힘이다. 바닥 깊이 내린 뿌리는 양분과 물을 흡수하여 잎이 무성한 가지가 옆으로 쭉쭉 뻗어나가게 자랄 수 있도록 버팀목이 되어준다. 아무리 단단한 바위일지라도 뿌리와 뿌리가 모인다면 그 힘은 당해내지 못할 것이다.

나무를 그렇게도 자르지 마라 했는데
오늘은 어린이 놀이터 쪽 나무가 처참하다
6월이면 태양이 팔을 걷어 부치고 다가서는 때

시청 공무원은 잔가지가 떨어지면 아이들이

다칠지 몰라 바짝 자르는 것이라며

술이 덜 깬 나의 민원이 탐탁지 않다

아니 분명 그럴 것이다

이제는 상대방의 말투와 자주 쓰는 말에서

비릿한 냄새도 맡고 빗방울 소리가

들리는 것 같다 (이렇게 늙어가는 중이지만)

뜨거운 여름이 다가오는데

사실 내가 먼저 숨이 막혔다

나무를 몸통만 남기고 쳐내면

태풍이 오지도 않고 장맛비에 냇물이

우느라 얼굴이 퉁퉁 붓지도 않을 텐데

관료주의는 빽빽한 밀림 같아서

도대체 해가 중천에 떴는데도 술이 깨지 않는다

나무에 귀신이 덕지덕지 붙어살던 때가 있었다

거기에 바치던 기도는 기억나지 않지만

어차피 잘라도 다시 가지는 자랄 텐데

민원인님은 뭐가 그리 걱정이신지 모르겠네요

저기와 여기가 이렇게 멀다

그 사이에서 내 비관주의만 자란다

전기톱 소리는 그 와중에도 그치지 않고

그림자가 하나 둘 베어지고 있다

　　　　　　　　— 황규관, 「그림자」 (《작가와사회》, 2021년 봄호)

한 그루의 나무는 뿌리와 줄기, 가지, 꽃과 열매, 잎 등으로 이루어져 있다. 각각의 부분은 서로 상호작용하여 하나의 완성체를 이룬다. 이러한 나무는 잘라야 하는 존재가 아니라 잘 보존해야 하는 존재이다. 그런데 시 속에 존재하는 나무는 처참하게 잘려나가고 말았다.

시청에서 나무의 "잔가지가 떨어지면 아이들이/다칠지 몰라 바짝" 자른 것이다. 시 속의 화자인 시인은 이를 탐탁지 않게 생각하고 민원을 넣었으나 "빽빽한 밀림" 같은 관료주의는 먹히지 않는다. "어차피 잘라도 다시 가지는 자랄 텐데/민원인님은 뭐가 그리 걱정이신지 모르겠"다는 시청 공무원의 목소리가 어디선가 들리는 듯 하다.

한때 우리는 "나무에 귀신이 덕지덕지 붙어살던 때"를 산 적이 있다. 이 나무는 마을의 수호신인 당산나무이다. 당산나무에는 마을을 지켜주는 신령이 깃들어 있다고 생각하였다. 그래서 이 나무를 신령스럽게 여겨 이 나무에서 마을의 조상이나 수호신에게 지내는 제사인 당산제를 지내기도 하였다. 단지 오래된 나무가 아니라 마을을 평안하게 하고 주민들의 평안을 빌었던 것이다. 지금도 도심 외곽의 큰 마을 입구에 가면 당산나무를 발견할 수 있다.

시인의 희미한 기억은 이에 도달한다. "거기에 바치던 기도"는 정확하게 기억나지 않지만, 우리의 안녕과 염원을 바라던 마음이 나무에 담겨 있다는 것을 읽어낸 것이다. 뿌리만 삶의 근간을 흔드는 것이 아니다. 수족과 같은 잘려 나간 가지 또한 근간을 흔드는 행위이다.

> 절망을 만나 바다로 갔습니다
> 그곳에도 바람은 불었습니다
> 누구에게나 시려움은 있다고 바람이 불었습니다
> 누구에게나 찢긴 움은 있다고 바람이 불었습니다
> 누구에게나 덧난 상처 몇은 가지고 다닌다고 말하려는 그를 밀어내고 돌아와 버렸습니다
> 며칠을 돌아눕다 다시 바다로 나갔습니다
> 그는 견고한 뿌리에 이르려면 바람 몇쯤 견뎌내야 한다는 말 같은 건 하지 않았습니다
> 그리스인 조르바처럼 춤출 뿐이었습니다
> 자유의 빛깔은 파랑이었습니다
>
> ― 김종숙, 「겨울, 월정리」(《미래시학》, 2021년 봄호)

시 속의 화자인 시인은 추운 겨울 월정리에서 절망과 마주한다. 절망이라는 감정에 낙오되지 않고 절망을 대면하여 이를 극복하고자 한다. 그 끝에서 '파랑'이라는 "자유의 빛깔"을 만나게 된다. 파랑은 차가운 인상을 주기도 하지만, 신뢰와 조화, 영원성을 상징하기도 한다.

희망이 없다고 생각하고 포기하는 순간 절망이 찾아온다. 절망을 만난 시 속의 화자는 바다로 향한다. 누구에게나 '시려움'과 '찢긴 움'이 있다고 말하려는 바다를 시인은 "밀어내고 돌아와 버렸"다. 바다에게 투정하고 위로받고 싶었으나, 바다에게

시인이 먼저 등을 돌린 셈이 되어버렸다. 하지만 바다에게 먼저 등을 보여도 바다는 언제든 다시 찾아오면 기꺼이 맞이해 줄 것이라는 것을 시인은 알고 있다. "며칠을 돌아눕다 다시" 나간 바다가 "견고한 뿌리에 이르려면 바람 몇쯤 견뎌내야 한다는 말 같은 건 하지 않았"던 이유는 이 때문일 것이다. 바다는 오히려 "그리스인 조르바처럼 춤출 뿐" 말이 없다.

뿌리가 견고해지기 위해서는 시련과 고난을 헤쳐나가야 한다. 자신을 위태롭게 하는 바람 몇쯤은 거뜬하게 견뎌내야 쉽게 흔들리지 않는 견고한 뿌리를 가질 수 있는 것이다. '절망→바다→바람→시려움→덧난 상처→견고한 뿌리→파랑'에 이르는 이미지의 흐름이 "자유의 빛깔"인 "파랑"에 한 걸음 더 다가가게 하여 시의 전체적인 분위기를 고조시킨다.

삶의 뿌리인 어머니

팔순의 노모에게
전화를 했다
"둘째여? 오능겨? 쌀 안쳤어. 찬찬히 와."
"네. 언능 가유."
쌀 안쳤어라는 말에는
구수하니 콩알 익는 소리가 소복하게 깔려 있다
엄마의 밥은 늘 한결같이 콩밥이다
연두 완두콩, 검은 쥐눈이콩, 흰 동부콩, 검붉은 울타리콩, 알록달록 강

낭콩

　　콩을 잔뜩 불려서 지은 콩밥이다

　　씹는 맛이 차지고, 쫀득하다

　　팔순 노모는 평생 콩알처럼 살아오신 분이다

　　광이며

　　장독대며

　　광주리마다

　　늘 콩알이 넘치는 집구석이었다

　　우리 집 염소들도

　　콩깍지와 비지 맛에 걸신이 들렸다

　　엄마는 겨우내

　　뒤적뒤적 벌레 먹은 콩알을 고르시곤 했다

　　콩알은 데굴데굴 굴러가서

　　방바닥 틈새나 양말 서랍장에도 박혀 있곤 했다

　　언능! 달려가서

　　엄마가 지으신

　　콩밥을 두 공기 오물거리고 싶다

　　　　　　　　　　— 장인수, 「양말 서랍장에도 콩알이 박혀 있곤 했다」

　　　　　　　　　　　　　　　　　　　　（《시와문화》, 2021년 봄호）

　‘희생’이라는 단어의 대표적인 이미지가 어머니이다. 세상의
모든 어머니는 위대하다. 동서고금 막론하여 위대하지 않은 어
머니는 없다. 그 중 특히 우리나라의 어머니는 희생과 헌신, 자
애로움, 성실함을 대표한다. 어머니의 삶에서 자식을 뺀다면 무
엇이 남을까. 어머니에게 자식은 다섯 살이든 쉰 살이든 모두

똑같은 자식이다. 밥은 먹었는지, 아픈 곳은 없는지, 힘든 일은 없는지 늘 물가에 내어 놓은 어린아이인 것이다.

이는 시 속의 화자에게도 마찬가지이다. 이 시는 이러한 어머니의 삶에 대해 이야기하고 있다. 팔순의 노모에게 화자는 어린 아이에 불과하다. 어머니에게 자식은 쌀을 안쳐 따끈한 밥을 해 먹여야 하는 아이인 것이다. 이러한 어머니는 시인의 근간을 이루고 있는 뿌리라 할 수 있다.

"엄마의 밥은 늘 한결같이 콩밥이다". "연두 완두콩, 검은 쥐눈이콩, 흰 동부콩, 검붉은 울타리콩, 알록달록 강낭콩"이 돌아가며 들어 있다. 엄마는 평생을 이 "콩알처럼 살아오신 분이다". "광이며/장독대며/광주리마다" 늘 콩알이 넘쳤고, 심지어는 염소들도 "콩깍지와 비지 맛에 걸신이 들렸다". 그만큼 콩과 어머니의 삶은 뗄 수 없는 관계였던 것이다. 어머니는 겨울이 되면 늘 "뒤적뒤적 벌레 먹은 콩알을 고르시곤" 하셨다. 고르다 튀어나간 콩알은 "방바닥 틈새나 양말 서랍장에도 박혀 있곤 했다".

현대사회에서 콩밥은 쌀밥에 비해 단백질과 비타민과 같은 영양소가 더 풍부하여 웰빙식으로 각광받고 있는 귀한 음식이다. 하지만 과거에는 가난을 상징하기도 하였다. 쌀의 수확량이 적었을 시절 넉넉하지 못한 살림살이에 부족한 쌀을 대신하여 콩을 넣어 밥을 지었던 것이다. 이러한 콩알에는 자식을 사랑하는 어머니의 마음이 담겨 있고, 또한 시인을 존재하게 하는 든

든한 삶의 뿌리이기도 하다. 이러한 어머니가 계셨기에 시인 역
시 어머니라는 대지에 튼튼한 뿌리를 내렸을 것이다. 힘든 세월
콩알을 고르며 견뎌냈고, 콩알을 골라 자식들에게 먹이며 버텨
냈을 어머니는 시인의 뿌리이자 생명의 근원이라 할 수 있다.

전생의 태국 어느 귀족이었다는
샴 고양이의 길어진 발톱을 자른다

고매한 귀족 습성처럼
까칠하게 튕겨 나간 발톱 옆
어머니 누워 계신다
농사일에 검게 그을리고 주름진 얼굴에도
하얗고 조그마한 발만큼은
천생 여자였던 당신
평생 감추고 살아온 맨발을
훤히 드러내곤 아이처럼 웃으신다
도둑놈 발 같다는 놀림에 기를 펴지 못하던 유년
아버지 눈치 보며
남몰래 질투하기도 했었던
아마도 전생에선 공주님이었을
식구 중에서 제일 예쁘던
어머니의 발

조그만 발가락에 삐죽하게 솟은
봉숭아 물 앙증맞은

발톱을 깎는다
흐릿한 나이를 세어 보는
구부러진 손가락의 아득한 기억처럼
숨죽이며 감추고 살아온
수줍던 한 시절이
잘게 잘라지며 톡톡 떨어진다

아침 햇살
꽃처럼 흐드러진 방바닥
전생을 추억하며
통통 튀어 다니는 발톱들
발걸음이 우아하다
— 지연구, 「우아한 발톱」(《시와문화》, 2021년 봄호)

 이 시는 두 개의 발톱이 중첩되어 있다. 하나는 샴 고양이의 발톱이고, 하나는 어머니의 발톱이다. 시 속의 화자는 처음부터 어머니의 발톱을 들여다본 것이 아니라 "전생의 태국 어느 귀족이었던/샴 고양이의 길어진 발톱을 자"르다 우연히 어머니의 발톱을 보게 된다. 고양이의 발톱은 늘 잘라주면서도 그동안 미처 생각하지 못했던 어머니의 발톱을 이제야 응시하게 된 것이다. 오늘은 "봉숭아 물"이 든 "앙증맞은" 어머니 발톱이 방바닥에 "꽃처럼 흐드러"져 우아하게 발걸음을 옮긴다.

 "농사일에 검게 그을리고 주름진 얼굴에도" "발만큼은/천생 여자였던" 어머니는 맨발을 감추고 사셨다. 발은 양말이나 신발에 가려져 형태를 잘 드러내지 않기에 시인 역시 무심히 지나쳐 버렸을 것이다. 하지만 발은 몸의 주춧돌 역할을 한다. 서 있을 때 넘어지지 않도록 균형을 잡아주는 역할을 하는 것이 발이다. 이런 발이 있기에 우리는 앞으로 나아갈 수 있다.

어머니에게도 발은 어머니를 일으켜 세웠던 단단한 힘이다. "숨죽이며 감추고 살아온/수줍던 한 시절이" 잘라진 발톱처럼 "톡톡 떨어진다". 톡톡 떨어지는 것은 그동안 어머니가 살아온 세월이다. 가족을 위해 힘든 농사일도 마다하지 않으셨던 어머니의 고귀한 시간들이 담겨 있다. 이 시에서 발 역시 어머니의 삶 즉 우리의 삶을 지탱해주는 뿌리이다. 식물에게 뿌리가 존재한다면 인류에게도 어머니라는 뿌리가 존재한다.

한 그루의 나무가 우뚝 서기 위해서는 무엇보다도 뿌리가 매우 중요한 역할을 한다. 한꺼번에 많은 비가 내리는 장마철에 뿌리가 존재하지 않는다면 흙 알갱이들이 약해져서 산사태가 일어나고 만다. 이러한 뿌리는 자연의 질서를 유지하기도 하지만, 인류를 지탱하는 힘이기도 하다. 지금처럼 세계 곳곳에서 관계와 관계가 흔들린다면 뿌리의 힘은 절실히 필요하다.

현대사회에서 뿌리가 뽑힌다는 것은 직장으로부터의 유폐, 가족과의 단절, 소통의 부재 등으로 불완전한 삶을 이어나간다는 것을 내포한다. 현재의 미얀마 상황과 코로나19의 상황 역시 뿌리가 뽑힌 삶의 단상이라 할 수 있을 것이다. 이러한 비바람과 악재를 견뎌내는 힘은 뿌리에게 있다. 뿌리가 존재하지 않는다는 것은 언제 무너질지 모른다는 의미이다. 뿌리 뽑힘으로 인해 떠돌며 인내해야 하는 상황은 삶을 황폐하게 만들 것이다. 눈에 보이지 않지만 이 단단한 뿌리의 힘이 우리의 삶을 지탱하고 유지할 수 있게 만드는 원동력이다.

갇힌 공간에서의 일상과 균형

2021년 여름, 우리는 여전히 코로나19의 전시상황과 대치하며 생활하고 있다. 한 달이 넘고, 두 달이 지나고, 일 년을 넘어이 년이 다 되어가는 현재는 익숙한 것들이 생기게 되었다. 마스크 없이 외출하는 것은 어딘가 허전하고, 만나서 회의하는 것보다 화면에서 서로의 안부를 묻는 이러한 일상이 이제 더 자연스러워지고 있다. 그럼에도 불구하고 사람과 사람 사이 나누는 정은 시공을 초월하여 화면 속에서도 여전히 현재진행형이다.

이 여전한 상황 속에서 할 수 없는 것들이 많아졌지만, 반면할 수 있는 것도 많아졌다. 예를 들면 집에서 고요히 자기를 들여다보는 일, 자주 인사 나누지 못했던 지인에게 전화 걸어보기그리고 혼자만의 시간까지 이 모든 것들에 익숙해지고 있다. 일각에서는 백신 접종으로 인해 코로나 사태의 출구가 생겼다고한동안 생각하였다. 일상으로의 일탈에 대한 희망을 꿈꾸었으나 델타 변이 바이러스라는 복병을 만나 예상치 못한 상황에 다시 직면하게 되었다.

갇힌 공간에서의 일상

택배가 도착했다
밤새워 달려온 상자
네모반듯하게 각을 세웠다

모나면 상처받기 쉽다고
남들 수군거리지만
골판지 박스는 단호하게
사각의 성 지키고 있다

코로나 팬데믹 선언으로
귀하게 모셔지는 몸
네 기둥의 단단한 믿음은
상한가를 기록 중이다

잠 한숨 못 자고
전속력으로 달려온 총알 상자
바이러스 사선 넘어와
다급히 문 두드린다

봉인된 채
던지는 무언의 한 마디
부디 살아남으시라
마지막 말 남기고
그는 소명을 마쳤다

　　　　　— 이순희, 「봉인된 상자」 전문 (《시와 문화》, 2021년 여름호)

위의 시는 코로나 팬데믹 당시 대한민국 국민이면 누구나 한 번쯤은 사용해보았을 택배에 대한 이야기를 하고 있다. 봉인된 상자 안에는 무엇인 담겨 있을까. '봉인'이라는 단어는 경건함과 궁금증을 동시에 내포한다. 과연 봉인은 풀어야 하는 것일까, 그대로 두어야 하는 것일까. 인간은 감추어진 것을 들춰내고자 한다. 상자 안에 봉인된 것이 무엇이건 인간은 그 상자를 해체하여 그 안에 무엇이 들어있는지 기어이 확인하고 마는 존재이다.

밤새워 달려온 택배 상자. 택배는 코로나19 상황에서 없어서는 안 될 존재이다. 코로나19가 발생하기 전까지만 해도 택배는 멀리서 오는 반가운 손님 같은 존재였다. 시골에 계시는 부모님이 도시에 있는 자식에게로 정성 가득 먹거리를 담아 보냈다. 택배 보냈다는 부모님의 연락에 가슴 두근거리며 택배가 도착하기만을 기다리는 설렘이 있었다. 과거 택배는 미처 전하지 못한 정겨움을 발송하는 의미였다면, 현재 택배는 일상이 되었다. 심지어는 하룻밤 사이에도 택배가 배송된다. 언제 도착하나 두근거리며 기다렸던 시대는 지나고, 현재는 생활의 편의를 위한 도구가 되어 버렸다.

택배 상자는 "코로나 팬데믹 선언으로/귀하게 모셔지는 몸"이다. 때문에 그 어느 때보다도 연일 "상한가를 기록"하고 있다. "모나면 상처받기 쉽다고" 다른 사람들이 수군거리더라도 "골판지 박스는 단호하게/사각의 성 지키고 있다". 원리원칙을 중요시 여기면서 네모 반듯하게 각진 것을 좋아하면 이성적인 삶을 살 수도 있겠으나 그만큼 또 상처받기도 쉽다. 자신이 정해놓은 틀에서 벗어나면 불안감이 엄습해오기 때문이다. 경우에 따라서 손해를 좀 보더라도 둥글게 사는 것이 어쩌면 원만한 관계 맺기에 더 좋을지도 모르겠다. 상자의 네모난 속성을 인간의 삶과 결부지어 이야기하는 시인의 시선이 날카롭다.

택배 상자는 밤새 "전속력으로 달려" "바이러스 사선"을 넘어 왔다. "봉인된 채" 그렇게 힘들게 넘어와 "부디 살아남으시라"는 "마지막 말 남기고" 택배 상자는 "소명을 마쳤다". 결국 '봉인된 상자' 안에는 주문한 물품과 함께 봉인된 평범했던 일상에 대한 그리움의 시간이 응축되어 있는 셈이다. 그리움에 대한 이야기는 다음의 시인 박수빈의 「들꽃 요양원」에서 이어진다.

전염된다네. 당신이 좋아하는 초코케이크 딸기우유 박하사탕 사왔는데, 그냥 현관에 두라네. 이름을 적고 물러서니 직원이 소독약 뿌리네. 얼마 후 화면이 뜨네. 촛불 밝히고 박수하고 싶은데, 당신은 아기처럼 주무시네. 직원이 깨우며 화면을 가리키네. 누가 잠결을 빗질하나, 성성한 머리칼 속에 순두부가 되어버린 기억, 간수액에 물컹한 당신의 뇌, 나는 손을 흔드네. 잘 있어요? 안개가 흐르네. 당신은 베개 보풀을 만지더니 창밖을 보네. 촛농이 녹아 흐르고 쇠별꽃과 구절초들이 고개를 떨구네. 모데미풀들이 냄새를 풍기네. 그림자가 내 뒤꿈치에 뿌리를 내리네. 이제는 서로 바깥에서 건드리면 부러질 꽃대들이 닮아가네.
— 박수빈, 「들꽃 요양원」 전문 (《시와문화》, 2021년 여름호)

"전염된다네"라는 강렬한 시어로 시작하고 있는 이 시는 그리움의 정서가 기저에 깔려 있다. 평소라면 아무렇지 않게 방문하였을 요양원 병실이지만 요즘은 그렇지 못하는 상황이다. 요양원뿐만 아니라 모든 병원의 병실이 보호자의 자유로운 출입을 자제하고 있다.

그런데 오늘은 특별한 날이다. 당신의 생일인 것이다. 시 속의 화자이기도 한 시인은 평소 "당신이 좋아하는 초코케이크 딸기우유 박하사탕"을 사서 요양원에 있는 당신에게로 향한다. 그런데 정작 당신의 얼굴을 직접 볼 수 없다. "촛불 밝히고" 노래도 부르며 박수도 치고 싶은데, 얼굴을 마주하지 못하고 화면 속으로 "아기처럼 주무시"는 당신을 바라만 보아야 한다. 잘 지내고 있는지 안부도 묻고 싶고 손도 마주 잡고 싶지만, 화면을 바라보며 손을 흔드는 것이 화자가 할 수 있는 전부이다.

당신은 시인을 알아보지 못하고 애꿎은 "베개 보풀을" 만지작거린다. 당신과 평생 함께 하면 좋겠지만 시간은 이를 허락하지 않는다. 자식들을 키우며 겪었을 그동안의 노고가 촛농이 되어 녹아 흐르고 쇠별꽃과 구절초는 고개를 숙인다. 갇힌 공간에 있는 당신과 당신을 지켜보아야 하는 시인. 그림자가 시인의 "뒤꿈치에 뿌리를 내리"고, "서로 바깥에서 건드리면 부러질 꽃대들이 닮아가"는 상황이 숙연함을 자아낸다.

마주하지 못한 아버지라는 이름

투명 플라스틱 칸막이에
손바닥을 댄다

맞은편 아버지도
손바닥을 댄다

서로를 어쩌지 못해
머쓱하게 웃는다

잠시 그렇게 마주 보다
아버지가 환자복을 펄럭이며
조용히 날아간다

무늬만 남은 아버지의 손바닥이
따뜻하다

— 신미균, 「흰나비」 전문 (《열린시학》, 2021년 여름호)

이 시에서 아버지는 나비로 치환되어 나타난다. 나비는 알에서 애벌레로, 애벌레에서 번데기 과정을 거친 후 나비로 변한다. 이러한 나비는 변화와 성장의 의미와 함께 부활, 재생, 영원의 의미를 가지고 있기도 하다. 이 중 흰나비는 영혼을 상징한다고 한다. 시 속의 화자인 시인은 병원에 계시는 아버지를 보

러 간다. 이 시의 화자 역시 환자복을 입은 아버지를 직접 마주
하지 못하고 투명한 플라스틱 칸막이를 사이에 두고 서로 마주
하고 있다. 영화 속 한 장면처럼 칸막이를 사이에 두고 두 사람
이 서로 손바닥을 마주댄다. 서로 어찌할 수 없는 상황에서 머
쓱하게 웃을 뿐 할 수 있는 것이 없다. 마음으로 교감만 허락될
뿐이다.

시간이 얼마나 흘렀을까. 마주 보는 시간도 잠시 "무늬만 남
은 아버지의 손바닥이" 아직 따뜻한데 아버지는 나비처럼 "환
자복을 펄럭이며/조용히 날아간다". 나비의 시각적 이미지와
따뜻함의 촉각적 이미지가 선명하게 그려진다. '흰나비'라는
제목이 이러한 아버지의 모습을 더욱 돋보이게 만든다.

신미균 시인의 「흰나비」에 이어 주선미 시인의 「고사목」에
도 아버지가 등장한다.

봄 햇살 따갑게 쪼아대는 바다로 가는 길
여윌 대로 여윈 그리움 뼈로 남았다는 나무 고사목*
맨몸 드러낸 채 서 있다

제 몸으로 통하는 물길 끊어 죽음 이기고
돋아나려는 새 움
발등 위로 피워 올리느라 입속까지 말라 있다

그렇게 허기진 생을 마친 고사목

우리 집에도 있다

생명이 끊긴 줄 알았던 나무
맑은 찻잔 올리는 다탁으로 향기 피우고
든든한 책상으로 꿈을 받치고 있다

다른 생을 이어가는 고사목에서
평생 갯바닥을 만지며 살아온 얼굴을 읽는다

온 갯벌 바닥에 속울음 다 묻고
집채만 한 파도 뛰어넘다 세상의 끈 놓친 줄 알았던 남자

그리움처럼 길어진 밤
먼 길 돌아오는 발걸음 헛디디지 말라고 어둠 지우는 등불로 서 있다

서해 바람 막아 내느라 삭정이가 되었으나
자신의 키 뛰어넘은 나뭇가지 큰길 접어들 때까지

앙다문 입술에 배인 허기
빛으로 조금씩 뱉어내고 있다

* 이성부의 시 「고사목」에서 인용.

— 주선미, 「고사목」 전문(《시산맥》, 2021년 여름호)

병이나 노화, 산불로 인해 서 있는 상태에서 그대로 말라 죽

은 나무를 고사목이라고 한다. 병해충 때문에 과거에는 고사목을 모두 제거하였는데, 최근에는 생물들의 보전을 위해 고사목을 제거하지 않는다고 한다. 서 있는 채로 생(生)을 모두 소진하였지만, 남아 있는 상태에서 또 다른 생물들에게 기꺼이 자신의 자리를 내어주는 고사목에서 시인은 아버지의 삶을 발견한다.

봄이지만 햇살 따가운 날, 바다로 가는 길에 고사목이 "맨몸 드러낸 채 서 있다". "허기진 생을 마친 고사목"은 '아버지'라는 이름으로 시인의 집에도 있다. 고사목은 죽은 줄 알았지만 때로는 "맑은 찻잔 올리는 다탁"이 되기도 하고, 때로는 "든든한 책상"이 되어 꿈의 나래를 펼치게 한다. "생명이 끊긴 줄 알았던 나무"에서 각각 "다른 생을 이어가"고 있는 것이다. 여기에서 시인은 "평생 갯바닥을 만지며 살아온" 아버지의 얼굴을 마주하게 된다.

아버지는 평생을 갯벌에서 사셨다. "온 갯벌 바닥에 속울음 다 묻고/집채만 한 파도 뛰어넘다 세상의 끈 놓친 줄 알았던" 아버지. 이러한 아버지는 현재 "어둠 지우는 등불로 서 있다". 이 등불은 당연히 자식을 위한, 시인을 위한 등불이다. "먼 길 돌아오는 발걸음 헛디디지 말라고" 오로지 자식을 위해 켜 놓은 등불인 것이다. 아버지는 "서해 바람 막아 내느라 삭정이가 되었"다. 그럼에도 자신의 키를 훌쩍 뛰어넘은 시인이 "큰길 접어들 때까지" 노심초사 기다린다. 오십, 육십이 된 자식도 부모에게는 물가에 내놓은 아이라고 하지 않던가. 자식을 향한 아버지의 애정 어린 마음이 그대로 전해진다.

자식을 위해 기꺼이 자신을 내어놓고 버팀목이 되고자 하였던 아버지. 아버지는 무뚝뚝함의 대명사이지만 든든함을 주는 존재이다. 시대를 막론하고 아버지는 늘 가슴 한편을 저리게 하는 대상이다. 이러한 아버지의 삶과 고사목의 삶이 중첩되어 나타나고 있다.

삶에 대한 균형과 조화

가파른 산길
정상을 꿈꾸며
비탈길 오른다

정상이 얼마나 먼 곳인지
오르며
슬픔도 힘이 된다는 것을
알게 된다
사람은 정상을 위하여
슬픔 하나는 남겨 둔다는 것을

물 같은 땀방울 닦으며
정상에 서 보면 안다
올려다본 하늘은
푸르기만 한데

포개져 누워 있는 바위들

쓰러질 듯 서로 껴안고

수만년 허허한 바람뿐이어서

정상이 바닥 같다는 생각

멀리 보이는 빼곡한 마을이

정상만 같아

해질녘 아니였다면

그 적막 곁에서

누워도 보았을 것이다

— 류정희, 「산책6」 전문(《신생》, 2021년 여름호)

  이 시는 산책을 하며 생각한 단상을 담담한 어조로 풀어내고 있다. 담담한 어조 안에는 언어를 통해 삶을 들여다보는 시인의 통찰적 시선이 담겨 있다. 정상에 오르는 것은 고난과 시련, 인내를 전제로 한다. 평탄한 길만 있으면 좋겠지만 정상에 도달하기 위해서 수많은 고비를 피해갈 수 없다. 비탈길 굽이굽이 돌아 도착했을 때의 안도감과 성취감. 어쩌면 이러한 감정이 비탈길이라는 것을 알면서도 오르게 하는지 모른다.

  시인은 "정상이 얼마나 먼 곳인지" 오르고 또 오르며 때로는 "슬픔도 힘이 된다는 것을" 깨닫는다. "정상을 위하여/슬픔 하나는 남겨 둔다". 슬픔으로 인해 좌절하기도 하지만 오히려 슬

품을 통해 인간은 성장한다. 스스로를 들여다보고 성찰할 수 있
는 계기가 마련되기도 하는 것이다. 슬픔은 때론 새로운 삶을
향한 발걸음이 되기도 한다.

"올려다본 하늘은/푸르기만 한데" "땀방울 닦으며/정상에
서 보면" "수만년 허허한 바람뿐"이다. 정상에 도달했지만 마음
은 허전하고 오히려 "멀리 보이는 빼곡한 마을이/정상"처럼 보
인다. 정상이 최고일 것이라고 생각했는데, 다시 시작해야 하는
아무것도 없는 바닥처럼 여겨지는 것이다. 우여곡절과 시행착
오의 과정을 거치더라도 삶에 대한 균형과 조화를 잃지 않는다
면 어떠한 비탈길일지라도 인내하며 오를 수 있을 것이다. 내가
오른 정상이 다시 바닥이라고 좌절하지 말고 희망을 갖는다면
말이다.

이순희의 「봉인된 상자」와 박수빈의 「들꽃 요양원」은 코로
나19로 인하여 갇힌 공간에서 발생하고 있는 일상적인 소재들
을 시의 언어로 보여주고 있다. 택배가 삶을 지탱하는 힘이 되
어버린 일상과 당신을 모니터 화면으로 들여다보아야 하는 일
상. 2021년 코로나19 상황이 여전히 지속되고 있는 이러한 일상
은 개인을 넘어 보편성을 획득하고 있다. 신미균의 「흰나비」와
주선미의 「고사목」은 아버지에 대한 이야기이다. 아버지라는
단어는 듣기만 해도 웅장하고 거대하며 든든한 존재이다. 늘 든
든한 버팀목이 될 것이라 생각하였던 아버지는 이제 흰나비와

고사목이 되었다. 아버지의 나이 듦을 바라볼 수밖에 없는 자식의 마음과 나이가 들었음에도 자식을 애틋하게 생각하는 아버지의 마음이 동시에 읽히는 작품들이다. 마지막으로 류정희의 「산책6」은 정상에 도달하기 위한 비탈길에서 마주하는 생각들을 담담하게 풀어내고 있다. 정상이 곧 종착역은 아니며 바닥이 곧 시련은 아니다. 정상에 도달하고자 하는 마음과 바닥에서 다시 시작하는 마음이 서로 균형과 조화를 이룬다면 언제고 희망을 발견할 수 있을 것이다.

인간 실존의 근원적 장소

    문학은 장소를 기반으로 하여 이루어진다. 문학을 실현해야 하는 특정한 장소가 정해져 있는 것은 아니지만, 시인이 장소를 바라보는 태도나 입장 또는 어떤 의미를 부여하느냐에 따라 장소가 새롭게 재탄생되기도 한다. 특정한 장소를 시의 배경으로 제시함으로써 우리가 살아가는 장소가 가진 의미를 다시 되새겨보기도 한다. 실제 우리가 살아가고 있는 다양한 장소는 인간의 다양한 삶의 형태를 담고 있다. 장소는 인간이 주체적인 삶을 살아갈 수 있는 터전임과 동시에 실존의 바탕이 되기도 한다.

    그리 멀진 않아. 벼 밑동들만큼 말없음표나 말줄임표를 찍으며 소처럼 느리게 가 봐. 오랜 그리움 더 짙어지는 친구를 만날 거야

    황토가루 텁텁한 가슴 축이려 물 한 잔 청하면 낙동강에서 방금 길어 온 정을 순한 안개랑 섞어 인생 깊숙이 채워 주는 따뜻한 친구이지

    그럼 참았던 단풍 빛 말이 숨으로 터져 나와. 우포 우포 보고팠어, 라고. 그러고는 높은 푸른 햇덩이를 또 한 번 세상에 힘 있게 올려 보내지

그토록 켜켜이 차진 역사가 되고 이끼가 되고 따오기, 가마우지, 고니 노래 품으며 하루치 바람, 찰랑이는 꿈에 우포 사람들 촉촉이 젖어 살아 가는 거야

가까이 가 봐. 햇살을 신고 춤추는 즐거운 거룻배 같아. 부둥켜안은 물버들 사이로 노을보다 진한 불빛이 그 얼굴 송두리째 물들이며 타오르잖아

— 박부민, 「우포(牛浦)」 전문(《시와문화》, 2021년 가을호)

이 시의 장소는 우포이다. 우포(牛浦)는 경상남도 창녕군에 있는 자연습지로 천연기념물 제 524호이다. 우포는 소가 늪에 머리를 대고 물을 마시는 것과 같다고 해서 '소벌', 비가 오면 주변의 나무들이 많이 떠내려온다고 해서 '나무벌', 모래가 많아서 '모래벌', 크기가 작다고 해서 '쪽지벌'이라고도 불렸다. 이런 이름들이 일제 강점기 때 한자로 바뀌면서 지금까지 '우포'라 불리고 있다. 이곳에는 실제 논병아리, 백로, 고니 등의 조류와 가시연꽃, 창포 등 습지식물이 서식하고 있다.

시 속의 화자인 시인은 이러한 '우포'에 와서 사람이 살아가는 이야기를 하고 있다. 우포에서 살아가는 사람들은 맑고 순수하고 소박한 마음을 간직한 이들이다. "소처럼 느리게" 가다 보면 "오랜 그리움 더 짙어지는 친구를 만날" 수 있다. 이 친구들은 "물 한 잔 청하면 낙동강에서 방금 길어 온 정을" 금방 내어주는 "따뜻한 친구"들이다.

현대사회는 모든 것이 빠르게 이동하고 있다. 사람과 사람 사이의 관계뿐만 아니라, 사회 구조 자체도 빠르게 변화하고 있다. 느림의 미학은 시 속의 화자처럼 현대사회에서 보다 더 온화한 삶을 살아가기 위한 하나의 방편으로 작용되어야 할 것이다. 시인은 "말없음표나 말줄임표를 찍으며" "벼 밑동들"처럼 고요하면서도 천천히 가고자 한다. "따오기, 가마우지, 고니 노래 품으며" "찰랑이는 꿈에" "촉촉이 젖어 살아가는" 우포 사람들은 "노을보다 진한 불빛"으로 이곳을 지키고자 한다. 이곳 사람들의 순박함과 우포의 찬란한 자연경관이 함께 어우러져 '우포'라는 공간을 다시 재조명하게 한다.

　　소서(小暑) 지나자
　　바람은 더워지고
　　바다가 녹음처럼 깊어진 무의도(無衣島)* 산행 길
　　내 아픈 다리를 끌고 구름이 함께 간다

　　하늘 가득 나뭇잎소리
　　저 멀리 선바위 푸른 물결 위에
　　수천 별로 뜨고
　　환한 달밤, 어디선가 들려오는 장구소리
　　그리움 새록새록 눈뜨고
　　가슴 뜨겁게 쏟아지던 별빛 마당바위
　　무의도, 그대의 춤사위에
　　호랑이 한 마리 넋을 잃고 바다에 빠졌다지

들에는 풍년, 바다에는 풍어

어느새 세월은 가고

그대 향한 그리움, 긴 호흡까지

망부석이 되었다지

춤추는 섬 무의도, 어디선가

인신공양으로 바쳐진 여자아이 울음소리 들린다

* 무의도(無衣島) : '춤추는 무희' 전설이 있는 인천 서해의 섬

— 신규철, 「무의도」 전문(《시와 문화》, 2021년 가을호)

무의도는 인천광역시 중구에 위치한 섬이다. 무의도라는 이름에는 전설이 전해 내려온다. 옛날 하늘에 춤의 나라가 있었다. 그곳은 매일 춤을 추는 나라인데, 해마다 여름이면 춤 축제를 하였다. 다섯 공주 중 셋째 공주가 가장 예쁘고 춤도 잘 추니 항상 맨 앞에 서서 춤을 추었다. 어느 해 축제에서 시샘 많은 넷째 공주가 셋째 공주 신발 속에 가시를 넣었다. 이를 모르고 춤을 추던 셋째 공주가 가시에 찔려 넘어져 다치게 된다. 셋째 공주는 슬픔에 잠겨서 외로이 지내다가 어느 봄날 진달래 꽃향기에 이끌려 인간 세상에 내려오게 되었다. 셋째 공주는 인간 세상에서 본 아름다운 꽃들과 자연에 취해 시간 가는 줄 모르고 지냈다.

그런데 이 마을 산속에는 포악한 호랑이가 한 마리 살고 있었

다. 마을에 내려와 행패를 부려 마을 사람들은 해마다 예쁜 처녀를 호랑이에게 제물로 바쳤다. 이를 안 셋째 공주가 자신이 제물이 되겠다고 하였다. 예쁜 처녀를 제물로 바치는 날이 되자 옷을 화려하게 입고 마당바위에 올라 춤을 추었다. 춤사위가 너무 아름다워 호랑이는 넋을 잃고 바라보다가 제물을 가지고 가는 것을 잊어버렸다고 한다. 그 후 호랑이의 행패가 사라지고, 들에는 곡식이 풍성하고 바다에는 고기가 가득 잡혔다고 한다. 마을 사람들은 당산에 올라 이런 셋째 공주에게 감사한 마음으로 축제를 연다. 섬의 형세가 마치 셋째 공주가 춤을 추는 것과 같다고 하여 춤추는 섬 '무의도'라고 한다.

본격적인 더위가 시작되는 소서 지나 바람 더워진 어느 날 시 속의 화자는 산행을 한다. 산행은 다름 아닌 무의도이다. "아픈 다리를 끌고 구름이 함께" 가는 길은 힘들지 않다. 구름과 함께 자연을 벗 삼아 가는 길은 안식이고 위안이다. "선바위 푸른 물결 위에" 떠 있는 "수천 별", "환한 달밤", "어디선가 들려오는 장구소리"는 환상적이면서도 애잔한 분위기를 자아낸다. 그 분위기를 따라가다 보면 설화 속에 등장하는 "호랑이 한 마리"와 "인신공양으로 바쳐진 여자아이"를 만날 수 있다. 이처럼 이 시는 전설 속 인물과 사건, 배경을 도입하여 줄거리가 있는 이야기로 쓰여 있다. 전설을 알고 시를 읽는다면 그 의미가 더욱 선명해진다. 무의도라는 장소에 얽힌 슬픈 전설이 곧 한 편의 시로 형상화되어 나타나고 있는 셈이다.

내 고향 제주도 마을 어귀의 멀구슬나무가
아프리카 쿠미에도 있었다.

집집마다 한두 그루씩 키우고 있는 멀구슬나무는
사이몬네 마당에도 옹고디아네 마당에도
은예로보건소 한쪽에도
흙먼지 날리는 도로가에도 있었다.

이곳 사람들이 '데라'라고 하는 멀구슬나무
내가 어릴 적 긴 작대기로 칼싸움하던 추억의 시간이
제주 초가집과 올레를 배경으로 지나갔다.

길게 자란 것들은
자루가 긴 먼지털이처럼 흔들리며
세상 먼지를 털어내는 것 같기도 하고
우간다 아이들이 순수하고 맑은 눈동자를 굴리며
손을 흔드는 것 같기도 했다.

우리 할머니 할아버지 적 제주에서는
딸을 나면 멀구슬나무 한 그루 심었다가
시집갈 때 궤짝 하나 만들어 주었다던데
쿠미의 옹고디아네 데라는
기둥도 서까래도 없는 에또고이니야 초가집
천장을 굳게 굳게 받쳐주고 있었다.

멀리 멀구슬나무 데라 위로

무지개 에딸루까가 떠 있었다.

— 양영길, 「우간다에 멀구슬나무가 있었다」 전문

(《제주작가》, 2021년 가을호)

이 시의 장소성은 유년 시절의 고향으로 표상된다. 고향은 애착의 장소로 실존의 바탕이 된다. 고향은 아무런 조건 없이 모든 것을 포용하는 장소로, 이러한 고향에 대한 애착은 인간의 공통적인 감정일 것이다. 시 속의 화자와 '멀구슬나무'라는 자연적 대상과의 상호작용 속에서 장소에 대한 경험이 심화되어 나타나고 있다.

시 속 화자이자 시인의 고향은 제주이다. 제주 마을 어귀에서 흔히 볼 수 있는 "멀구슬나무"가 "아프리카 쿠미에도" 있는 것을 발견한다. 시인은 머나먼 타국 땅에서 어릴 적 고향의 모습을 소환하게 된 것이다. 아프리카에서는 멀구슬나무를 '데라'라고 부르는데, "사이몬네 마당에도 옹고디아네 마당에도/은예로보건소 한쪽에도/흙먼지 날리는 도로가"에서도 있다. 곳곳에 심어져 있는 멀구슬나무가 고향에 대한 향수를 불러일으킴과 동시에 "제주 초가집과 올레를 배경으로" 유년 시절 멀구슬나무로 칼싸움하던 시간이 스쳐 지나간다.

시인은 "길게 자란" 멀구슬나무가 "세상 먼지를 털어내는 것 같기도 하고/우간다 아이들이 순수하고 맑은 눈동자를 굴리며/손을 흔드는 것 같기도"하다고 느낀다. 이 멀구슬나무는 집을 지탱해주는 버팀목의 역할도 한다. "기둥도 서까래도 없는" 옹고디아네 초가집 천장을 멀구슬나무가 굳게 받쳐주고 있는 것이다. 멀구슬나무 위로 "무지개 에딸루까가 떠" 있다. 무지개가 떠 있다는 것은 행운과 행복을 가져다 주는 긍정적 의미로 작용한다. 제주의 풍경과 아프리카 쿠미의 풍경을 중첩하여 시의 의미를 확장시켜 나가고 있다.

　　지하층엔 구십 세 노인이 산다고 했다
　　남은 체온으로 심장을 돌리는데
　　계량기 눈금이 너무 천천히 움직였다

　　일층에는 유령이 가꾸는 고무나무 화분

　　이층에는 계약도 없이 몇 달째 거주하는 바람

　　깡마른 시인이 짐도 없이 이사를 와
　　옥탑방을 채웠다

　　말수 적고 귀가 어두운 세입자들뿐이라서
　　층간소음은 문제가 되지 않았다

　　집도 반 이상은 죽은 몸
　　얼음이 낀 핏줄은 때때로 막히고

흐릿한 창 몇 개만 겨우 눈을 빛냈다

동파된 방을 두고 떠날 때까지 한 달
시인은 한 편의 시도 쓰질 못했고
구십 세 노인은 나이가 한 살 늘었다

일층의 유령과 이층의 바람에게는
딱히 떠난다는 인사도 남기지 않았다

— 길상호, 「12월의 집」 전문(《시인시대》, 2021년 가을호)

집은 인간이 존재하는 거주공간으로 실존의 본질이라 할 수 있다. 몸과 마음이 쉬어갈 수 있는 휴식처이자 보다 더 나은 미래를 준비하기 위한 곳이기도 하다. 그런데 이 시 속의 집은 행복의 공간이 아닌 쓸쓸한 곳으로 그려지고 있다. 쓸쓸함을 따라가 보면 희망을 마주할 수 있을까. 집의 의미에 대한 진정성을 다시금 생각해보게 하는 시이다.

지하에는 "구십 세 노인"이 살고, "일층에는 유령이 가꾸는 고무나무 화분"이 "이층에는 계약도 없이 몇 달째 거주하는 바람"이 살고 있다. 그리고 옥탑방에는 "짐도 없이 이사를" 온 깡마른 시인이 살고 있다. 이 집은 "말수 적고 귀가 어두운 세입자들뿐이라서/층간소음은 문제가 되지" 않는다. 층간소음은 없지만, "반 이상은 죽은 몸"을 하고 있는 집은 사람의 온기를 찾기가 힘들다. "얼음이 낀 핏줄은 때때로 막히고/흐릿한 창 몇 개만 겨우 눈을" 빛내고 있다. "동파된 방을 두고 떠날 때까지 한 달/시인은 한 편의 시도 쓰질 못"했다. 그리고 지하층 "구십 세 노인은 나이가 한 살 늘었다". 시인은 떠나는 날 "일층의 유령과 이층의 바람에게" 딱히 인사도 남기지 않고 떠나고 만다.

　시인이 인사를 남기지 않고 떠남은 다시 만날 수 있음을 기약하는 것일까. 아니면 공연한 여지를 주지 않기 위함일까. 집이라는 장소는 편안함과 안정을 주는 곳이지만, 현대사회에서 집의 의미는 바뀌어 가고 있다. 물론 휴식처라는 보편적 의미는 변하지 않았지만, 집에서 휴식을 취하지 못한다거나 오히려 불안을 느끼는 경우도 종종 발생한다. 그럼에도 불구하고 시인은 희망을 건네고자 함이 아니었을까. 12월의 이 쓸쓸함이 지나고 새로운 해를 맞이하면 언젠가 다시 만날 수 있을 것이라는 기대감을 내포하고 있다. 현재 놓여 있는 상황이 그리 밝지 않더라도, 오늘이 지나고 나면 다가올 미래는 보다 희망적으로 더욱 견고하게 맞이해보고자 함이다.

　　한 방울이 소용 있을까 의심하며 한 방울로 가능할까 수런거리며
　　빗방울이 연잎으로 내려온다

　　연못은 사선으로 가득하고 하늘은 흐림으로 가득하다

　　연잎이 자라나서 연못을 다 덮을 때까지
　　한 송이 또 한 송이

꽃대를 밀어 올리고 있다

오목한 연잎 속으로 한 방울, 또 한 방울
연잎에 내려앉는 한 방울, 흐린 빗방울이 내려온다

연잎은 배꼽 같고,
빗방울은 연잎 위를 굴러다니는 철없는 아이의 웃음소리 같고
마냥 그렇게
저희끼리 어깨를 포개는 동안
마지막 그 한 방울
연잎의 배꼽에 닿는 순간

연못이 하나가 되어 왈칵 어깨를 내어주는
춤추고 흔들리는
그 순간 웃음소리, 흐린 날 연못 속에 사는 누군가의 큰 웃음소리
천지를 울리는 커다란 북소리

연잎이 가리고 있던 못물이
내 안의 흐린 것들이 왈칵 흙탕물을 드러내서
내가 알지 못하는
제 얼굴을 드러내는 순간이 있다
— 정혜영, 「연잎에 한 방울—6월 오후의 세미원」 전문
(《서정시학》, 2021년 가을호)

이 시의 장소는 세미원이다. 세미원은 경기도 양평에 위치한

식물원이다. 좀 더 구체적으로 살펴보면 이 시의 장소는 식물원인 셈이다. 식물원이라는 공간은 푸름이 만개한 공간으로 소음과 공해가 가득한 도시적 이미지와는 대비된다. 인위적인 공간으로 이루어진 도시는 불안정적이지만, 이곳 식물원은 맑고 투명하며 깨끗함이 있는 장소이다. 이 식물원에는 연잎이 가득하다. 빗방울이 내리는 6월의 어느 오후 시 속의 화자는 빗방울이 연잎에 떨어지는 모습을 관찰하고 있다. "한 방울이 소용 있을까 의심하며 한 방울로 가능할까 수런거리며" 말이다.

"오목한 연잎 속으로 한 방울, 또 한 방울" 빗방울이 연잎에 내려앉는다. "연잎은 배꼽 같고" 빗방울은 "연잎 위를 굴러다니는 철없는 아이의 웃음소리" 같다. 연잎과 빗방울이 마냥 "저희끼리 어깨를 포개는 동안/마지막 그 한 방울/연잎의 배꼽에 닿는"다. 이 순간이 경이로우면서도 동화적으로 그려지고 있다. "흐린 날 연못 속에 사는 누군가의 큰 웃음소리"가 "천지를 울리는 커다란 북소리"로 이어진다.

때로는 "내 안의 흐린 것들이 왈칵 흙탕물"을 드러낼 때가 있다. 내 스스로도 알지 못했던 "얼굴을 드러내는 순간" 말이다. 본디 연꽃은 진흙 속에서 피어나지만, 연꽃은 진흙에 물들지 않는 깨끗함을 상징한다. 이는 곧 주변의 부조리한 현실에 물들지 않고 올곧은 판단과 이념으로 아름다운 꽃을 피우는 사람과 같다. 시인은 이러한 연꽃에 자신을 투영하여 마음을 들여다보고 있다. 내 안의 욕심과 번뇌 같은 것들을 이곳에 살짝 내려놓고 오고자 한다. 한 방울 한 방울 떨어지는 빗방울과 이를 기꺼이 받아내는 연잎을 통해 삶의 단면을 엿볼 수 있다.

　장소는 인간이 세계를 경험하는 곳으로, 그 장소만이 가지는 고유성은 인간 실존의 바탕이 된다. 박부민 시인의 「우포(牛浦)」, 신규철 시인의 「무의도」, 양영길 시인의 「우간다에 멀구슬나무가 있었다」, 길상호 시인의 「12월의 집」, 정혜영 시인 「연잎에 한 방울─6월 오후의 세미원」을 통해 이러한 장소가 가지는 의미와 실존에 대해 살펴보았다. 박부민 시인의 시에서는 '우포'라는 구체적인 지명에 대해 살펴보았고, 신규철 시인의 시에서는 '무의도'에 얽힌 전설에 대해 살펴보았다. 양영길 시인의 시에서는 머나먼 이국땅에서 느낀 유년 시절 제주의 공간에 대해, 길상호 시인의 시에서는 인간 실존의 본질인 집에 대해, 정혜영 시인의 시에서는 세미원이라는 장소를 통해 자신을 들여다보았다. 이처럼 인간의 삶은 구체적인 장소 위에서 이루어진다. 다양한 장소를 통해 경험하고 삶의 영역을 확장시켜 나가는 것이다.

트렌드 포에트리, 틈의 계보학

2023년 1월 15일 1판 1쇄 펴냄

지은이　백애송

펴낸이　김성규

편집　　김안녕 김도현

디자인　신아영

펴낸곳　걷는사람

주소　　서울특별시 마포구 월드컵로 16길 51 서교자이빌 304호

전화　　02 323 2602

팩스　　02 323 2603

등록　　2016년 11월 18일 제25100-2016-000083호

ISBN　979-11-92333-56-4

　　　　979-11-92333-18-2 [04080] 세트

* 이 책은 ❀광주광역시 ᴮᵈᶠ광주문화재단 2022년도 전문예술인창작지원사업에 선정되어
발간한 작품집입니다.